今までにない発想を生み出す

アイデアの着眼点

小川仁志
HITOSHI OGAWA

フォレスト出版

はじめに

誰もが考えつくアイデアでは面白くない

皆さんはアイデアと聞くとどんなことを思い浮かべるでしょうか？

私なら「ワクワクする」とか「面白い」とか「ハッとする」とか、そんな感じです。きっと皆さんも同じだと思います。つまり、アイデアというからには、そういう驚くような内容である必要があると思います。

ではどうすれば驚くような内容になるのでしょうか？　それはやはり常識を超えることではないでしょうか。あえていうなら、**常識を超えないアイデアなんて本当の意味でアイデアだとはいえないように思います。**

ビジネスに限っても、そんな常識を超えたアイデアを出せる人たちだけが、ゲームチェンジャーとしてマーケットを制するのだと思うわけです。GAFA《ガーファ》（アメリカの主要ＩＴ企業の総称）はその典型でした。彼らは常識を超えたアイデアで次々とＩＴ業界を席巻し、世界のゲームを支配するまでになったのです。

そのＧＡＦＡもまた生成ＡＩの登場で、さらなる新しいビジネスモデルを提示できるかどうかで命運が分かれつつあります。その証拠に、ＧＡＦＡはやや遅れをとっていたマイクロソフトを加えてＧＡＦＡＭ《ガーファム》と呼ばれたりもしますが、そうしておまけのようになっていた同社が今やＡＩビジネスの成功のおかげで大復活を遂げています。反対に盤石と思われたグーグルやアップルの方が新規ビジネスの創出に苦戦しています。

そう考えると、**「盤石という状態」こそが最大の敵**なのかもしれません。この目まぐるしく過ぎる時代の流れの中では、盤石という名の安定の下、ひとたびアイデアを出さなくなったらおしまいです。

私たちも例外ではありません。どのような規模、どのような業種に属していても、安定に甘んじた瞬間、下降が始まります。なぜなら、周囲は上昇しようと必死だからです。今はどの企業もこれまでのレガシーや成功体験を捨てて、懸命にイノベーションを模索しています。まさに賢明な選択といえるでしょう。

その**イノベーションの鍵を握るのが常識を超えたアイデア**になります。では、どうすればそんなアイデアが出せるのでしょうか？

答えは簡単です。常識を超えた思考をすればいいのです。この世には幸い常識を超えた思考をするための学問があります。

そう、哲学です。詳細はこの後本文で解説しますが、**哲学とは常識を超えて思考することであり、そのための思考法**にほかなりません。

したがって、それを使ってアイデア出しをすれば、当然のことながら驚くようなアイデアが出てきます。本書ではそのノウハウを余すところなく紹介しています。

とりわけ歴史上の傑出した哲学者たちによる10のすごい着眼点を紹介し、それをどう使えば面白いアイデアが出るか、具体例を踏まえて解説しています。演習もついているので、ぜひ実践してみてください。

ところで、このようなビジネスのためのアイデア本を哲学者が書くことについて、不思議に思われる方もいるかもしれません。

しかし、哲学がビジネスに有効であるという点では、哲学をかじったことのあるビジネスパーソンやコンサルタントが書くより、本物の哲学者が書いた方が安心感や説得力があるのではないでしょうか？

なにしろ哲学は難解な学問ですから。

しかも私はその難解な哲学をわかりやすく市民に伝えることをライフワークにしてきました。市民と普通の言葉で哲学する「哲学カフェ」を20年近く1000回以上にわたって開催してきましたし、テレビで哲学を紹介するということもNHKの番組をはじめとして足掛け7年ほどやってきました。

それでも、やはり哲学者にビジネスがわかるのかという疑問が投げかけられることはあります。ここで皆さんに安心してこの本を読み進めていただくために、大事な情報をお伝えしておきましょう。

先ほど、**これまでGAFAが常識を超えたアイデアを次々と出してきたとお伝えしましたが、実はその背景で彼らは哲学者の力を借りていました。**

哲学者を雇って、アイデア出しの手伝いをさせてきたということです。だから哲学者だってビジネスにアドバイスすることはできるわけです。さらにいうと、私の場合、もともとは伊藤忠商事の商社マンです。それがひょんなことから哲学者になったということで、マインドは今もビジネスパーソンであることに変わりありません。だからビジネスに哲学を用いる**「ビジネス哲学研修」のパイオニアの一人として活躍**できているのです。

AIやDXが花盛りである現代において、ビジネスの世界で哲学がどう使われ始めているのか。ぜひその目で確かめていただけると幸いです。

第2章

世界の見え方が変わる10人の哲学者の視点

第3章

10人の哲学者の視点はこう使う

第4章 アイデアを出し続ける思考習慣

第5章

アイデアを形にする方法

第 1 章

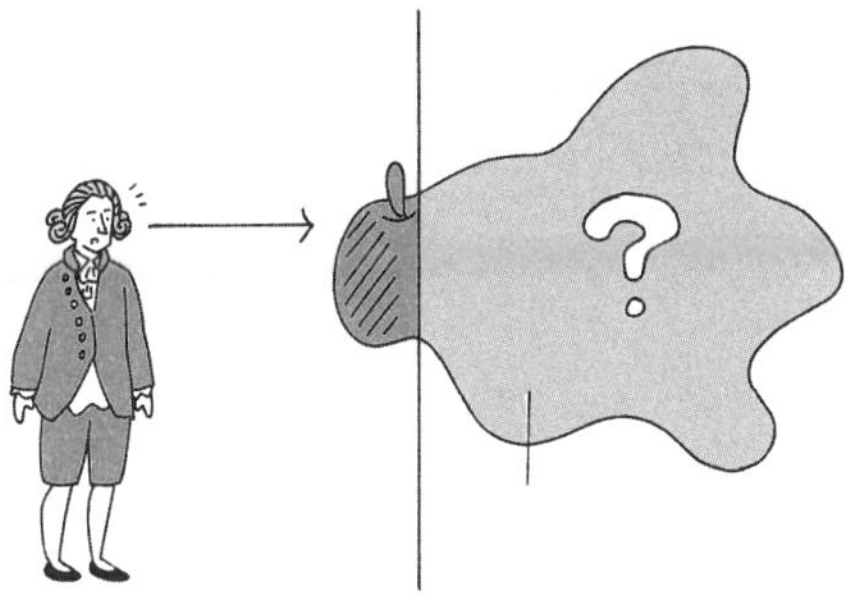

アイデアを生み出す「哲学思考」とは?

そもそもアイデアとは何か？

そもそもアイデアとは何でしょうか？

アイデアとは、一般的には**二つ以上の概念の組み合わせ**だといわれます。

たとえば、リンゴとジュースをかけ合わせればリンゴジュースというアイデアが生まれますし、カレーと牛丼をかけ合わせればカレー牛というアイデアが生まれます。

その組み合わせ方がユニークであればあるほど、ユニークなアイデアになるわけです。その意味で、着眼点のユニークさが、アイデアのユニークさに比例するといえるでしょう。

そもそもアイデアの語源は、古代ギリシア語の**「イデア」**にあるといわれます。

イデアというのは、古代ギリシアの哲学者プラトンの掲げた概念で、「ここにはない理想の状態」を意味します。

つまり、**アイデアとはここにはない理想**のことです。

まだないから生み出すわけですし、それゆえに価値があるのです。

したがって、アイデアは誰も予想しないような、ハッとするものであればあるほどいいといえます。いま、民間企業をはじめ、あらゆる領域でそんなアイデアが求められています。これは別に今に始まったことではなく、大げさにいえば人類の歴史が始まって以来試みられてきたことなのではないでしょうか。

なぜなら、それが人間が生きるということだからです。高度な知能を備えた人類が、自然の猛威の中で生き延びるためには、アイデアを生み出す必要があったのです。

◎寒さをしのぐためのアイデア
◎猛獣から逃れるためのアイデア
◎獲物をとるためのアイデア
◎人々をまとめるためのアイデア

そうやって人類は数多くのものを発明し、地球を支配するとともに、自分たちの日常を効率的で快適なものにしてきました。

ちょっと周りを見渡してみてください。目に映るものすべてが実はアイデアなのではないでしょうか？　コップ、箸、ノート、カーテンといったわりとローテクなものから、電気スタンド、リモコン、パソコン、スマホといったハイテクなものまで。いや、あなたがいま着ている服や、口にしている飴玉、今いる部屋といったいわゆる衣食住のような生活に不可欠なものもまた、もともとはアイデアでした。

「生きるということこそがアイデアである」といった意味がわかっていただけましたでしょうか？　何も持たずにこの世界に登場した人間は、生きるためにアイデアを生み出し、生きている限りアイデアを生み出し続ける必要があります。

神から与えられた人間だけの力

先述のプラトンによると、人間にアイデアを生み出す力が与えられたのは、ほんの偶然の出来事がきっかけだったといいます。プラトンは『プロタゴラス』の中でまさに人間がどうやって誕生したかを描いています。

実はそれは、神々から人間の誕生に際してどのような能力を与えるかという仕事をつかさどったエピメテウスという人物が、大きな失敗をしたことに起因しているといいます。こともあろうにエピメテウスは、人間に特別な能力を与えることに失敗してしまいました。

そこで彼の兄であるプロメテウスという人物が、何も能力のない人間に技術を与えました。だから人間はいま技術を使うことができるというわけです。

ここでいう技術とは**モノを生み出す力**であり、つまり**アイデアを生み出す力**だといっていいでしょう。

このように偶然アイデアを生み出す力を手にした人間は、他の動物よりも圧倒的優位に立ちます。いくら羽があって空を飛べても、いくら牙があって獲物を捕らえることができても、人間のアイデアにはかないません。

なぜなら、アイデアは無限に生み出されるのですから。

「哲学」がアイデアの発想を無限大にする

そう、この**無限に生み出されるというところがアイデアのすごい点**です。一つの限定された力ではなく、アイデアというのは可能性が無限大なのです。発想次第で、とんでもないものも生み出してしまいます。現に地球を滅ぼしかねない原子力を生み出してしまったように。あるいは今もまた人類を滅ぼしかねない自律型ＡＩを生み出そうとしているように。良くも悪くも、アイデアとはそれだけのポテンシャルを秘めたすごい力なのです。そしてそのすごい力を発揮するのに貢献するのが、**人間の持つもう一つの力「考える能力」**です。

とりわけ、**常識を超えてどこまでも意外な発想を可能にする「哲学」**という営みが、アイデアを無限大にします。

なぜ哲学がアイデア発想に役立つのか?

アイデアを無限大にする哲学とはいったいどんな営みなのか?

哲学を学ぶ機会のなかった人に、哲学の意味をすぐに理解してもらうのは至難の業です。でも、企業の研修などではすぐに理解してもらう必要があります。そこで私が用いているのが、次ページに示したような楕円形です。スクリーンにただの楕円形を映して、**「これに価値を持たせて売るにはどうすればいいでしょうか?」**と尋ねます。

私の意図は、なんの変哲もないものに、新たな意味を見出してもらう点にあります。なぜなら、それが哲学だからです。

哲学は「当たり前を疑う学問」だとか、「物事の本質を探究する学問」だといわれます。これらの表現はもちろん正しいのですが、その結果、物事の新たな意味を見出

● 企業研修で問いかける楕円形 ●

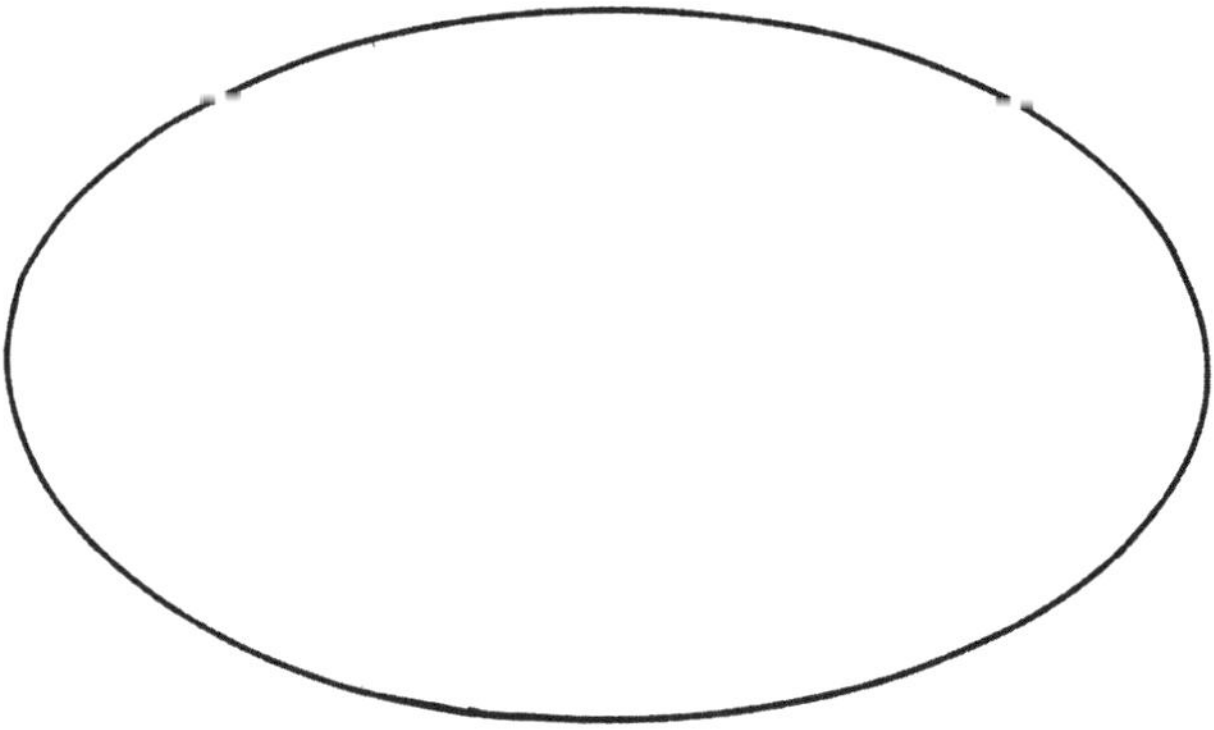

す結果になる点はあまり注目されていません。でも、私に言わせると、哲学とは**物事に新たな意味を見出す部分にこそ意義があるのです。**

言い換えるとそれは、常識の枠を超えて考えることでもあります。普通に捉えているとなんでもないものを、あえてその普通の枠を超えて、異なる捉え方をしてみるということです。

これが単に「考える」ということと哲学との違いでもあります。

私たちが普段物事を考えるというときは、基本的に常識の枠内だけで考えていることと思います。

ところが、それでは新しい発想は生まれません。そこで新しい発想をし、アイデアを出すためには、常識の枠を超える必要があるわけです。

哲学思考の3ステップ

では、どのようにして常識の枠を超えるのか?
私はそのために3つのステップが必要だと思っています。
哲学で思考するための次の3ステップです。

1. 疑う
2. 視点を変える
3. 再構成する

もちろんその後に、考えた対象をきちんと言語化する必要はあります。なぜなら、**人間は言語化しない限り、本当に考えたとはいえない**からです。試しに言語を用いずに何かアイデアを頭の中に思い浮かべてみてください。おそらく無理だと思います。仮に絵が出てきても。その絵を説明しようとすると、やはり必ず言葉が必要となるでしょう。

ということで、具体的には次のページのようなプロセスを経ることになります。最初のステップ**「疑う」**というところでは、自分がその考える対象についてどう思っているのか、まず前提を確認します。いわばその対象に関する知識や考えの棚卸をするわけです。そうして初めて、それ以外の見方をすることが可能になるからです。

次に**「視点」**を変えます。ここではできるだけ様々な視点で捉えるようにします。私たちは自分の視点しか持ち合わせていないので、どうしても物事を一面的に捉える傾向があります。でも、それでは物事の本質は見えてこないのです。

そうして様々な視点で捉えた後は、**「再構成」**します。とりわけ自分の気づいていなかったような要素に着目して捉え直すわけです。最後にそれを言語化していきます。

● 哲学思考の 3 ステップ ●

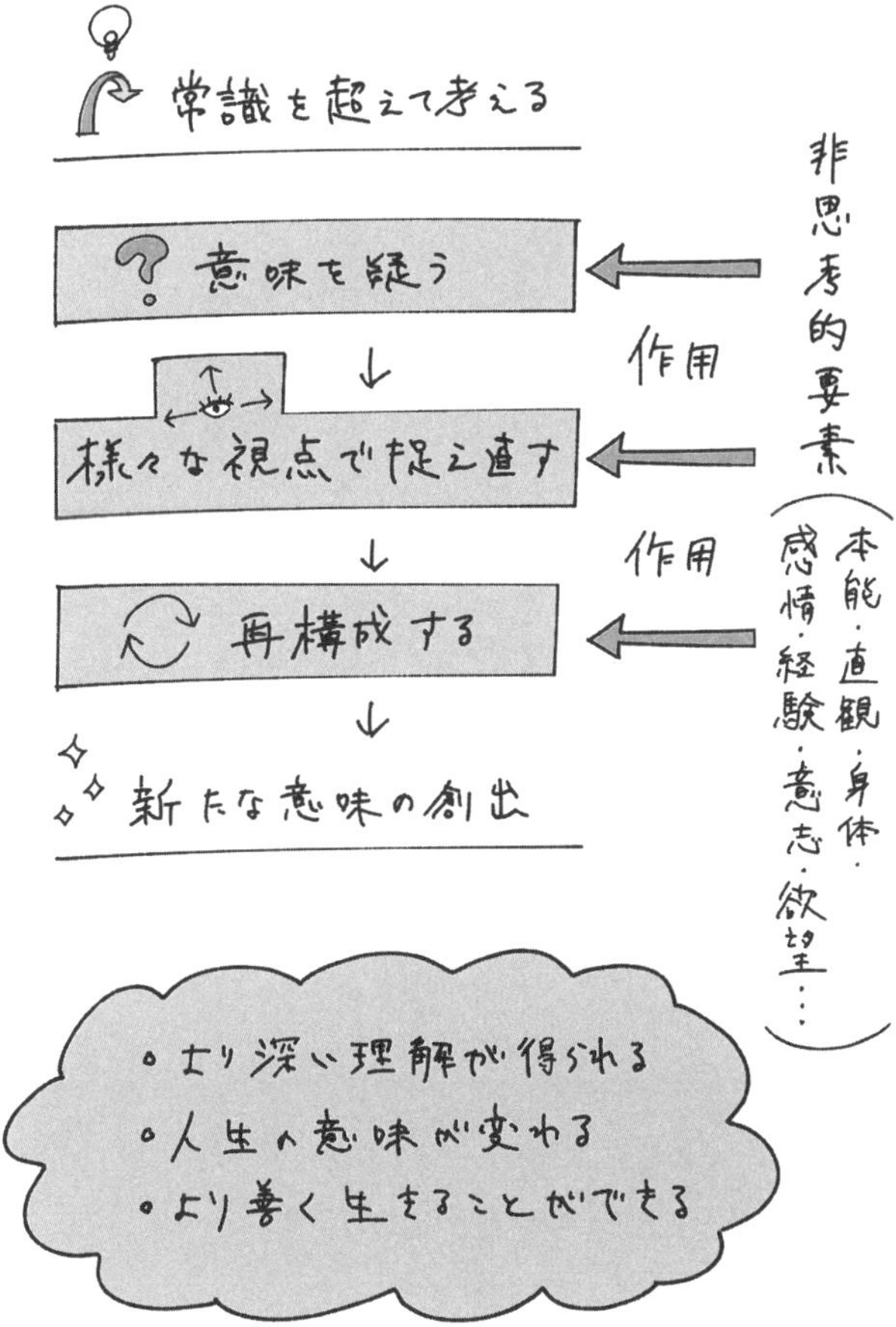
常識を超えて考える
意味を疑う
様々な視点で捉え直す
再構成する
新たな意味の創出
作用
作用
非思考的要素
（本能・直観・身体・感情・経験・意志・欲望……）
・より深い理解が得られる
・人生の意味が変わる
・より善く生きることができる

ちなみに、この一連のプロセスにおいては、私が**非思考的要素**と呼ぶものが不可避的に影響しています。本能、直観、身体、感情、経験、意志、欲望といった意識的な思考とは異なる要素が、人間の場合思考に影響を与えるのです。

たとえば、**どういう視点で捉えたいとか、どのようにまとめたいとかいうときに、どうしても無意識のうちに直観や感情、欲望といったものがその判断を左右しています。これによって哲学思考の結果は人それぞれとなるわけです。**

つまり、哲学思考の結果として出て来る物事の本質は、人によって異なるのです。哲学に答えはないといわれますが、それは唯一絶対の答えがないというだけで、その都度の答えは存在します。

また、後ほど詳しく述べますが、この非思考的要素のために、AIには哲学思考をすることができません。AIには今のところ意志も欲望もないからです。

これが哲学の基本的な思考プロセスです。こうして私たちは世界を新たな言葉で捉え直していくわけです。そしてその新しい言葉を設計図として、世の中に新たな価値を生み出していくことが求められているのです。

すべての物事は言葉からできています。どんな複雑なテクノロジーも例外ではありません。だから新しい言葉は新しい設計図なのです。

かつて**フランスの哲学者ドゥルーズ**は、**「哲学とは概念の創造である」**と喝破しましたが、まさに哲学とは新しい言葉、概念を生み出すツールにほかなりません。現代の社会は、こうした「クリエイティブな営み」として哲学を再認識する必要があるでしょう。

そんな哲学思考の結果、私たちは物事をより深く理解することができると同時に、場合によっては人生の意味さえ変えることができるのです。さらには、より善く生きていくことさえ可能になるでしょう。実はこれは哲学の父と呼ばれる古代ギリシアの哲学者ソクラテスの言葉です。**究極的な哲学の目的は、より善く生きていくことにほかなりません。**

なお、本書では第2章において、「世界の見え方が変わる10人の哲学者の視点」について紹介します。そこでは10の哲学概念を取り上げながら、それらがいかに優れた哲学思考であるかということについて論じます。そのうえで、第3章ではこれらの10の哲学概念をどう応用して、どのようにアイデアを出していけばいいのか提案します。

ここで、こうした個々の哲学概念と、先ほど解説した哲学の基本的な思考プロセスとがどういう関係にあるのか気になることと思います。あらかじめご説明すると、哲学思考のプロセスは、あくまで哲学的に物事を考える際の基本となります。

そのため、哲学者たちの10の着眼点すべてに反映されているといえます。つまり、**どの哲学概念も哲学思考の産物**だといっていいでしょう。したがって、私たちが哲学思考を実践する際は、この3つのプロセスを踏むわけですが、アイデアを出すだけなら**10の概念を道具のように単体で使うことができる**ということです。

その意味で本書は、哲学思考そのものを実践する本ではなく、むしろユニークな10の着眼点をドラえもんの道具のように使うことで、普段なら発想できないアイデアを出すことを目的にしています。そうした前提で読み進めていただけると幸いです。

今ビジネスパーソンが哲学を学ぶべき5つの理由

実は欧米の企業では、かなり前から哲学者を雇っていたようです。中には著名な哲学者を大学から引き抜いたりしたところもあるといいます。とりわけグーグルやアップルのようなＧＡＦＡと呼ばれる巨大ＩＴ企業が世界を席巻した背景には、そうした哲学の活用があったといっても過言ではないでしょう。経営者たちは、**様々な斬新な切り口を見出すきっかけを哲学者に期待してきたのです。**

そして日本でもようやく今、哲学は行政、企業、地域社会に至るまで、あらゆるところで求められるようになってきています。その背景には何があるのか？　ビジネス向けに哲学の研修を実践してきた立場として、私は少なくとも次の５つの理由があると考えています。

まず一つ目は、**グローバル時代**です。欧米のエリートは哲学を学んでいることが多いので、そういう人たちと伍《ご》していくためには、日本人もどこかで哲学を学んでおく必要があるということです。

二つ目は、**お手本のない時代**です。何をすれば成功するのかは誰にもわかりません。そんな中でゼロから考える必要があるわけですが、哲学はまさにゼロから考える営みなのです。

三つ目は**AI時代**です。ＡＩはいくらでも論理的思考をしてくれるので、人間は創造的思考をしないと生き残れません。その点すでにお話ししたように、哲学は極めて創造的な思考なのです。

四つ目は**パンデミック時代**です。コロナ禍は収束した感がありますが、グローバル

● 哲学が現代社会で求められている５つの要因 ●

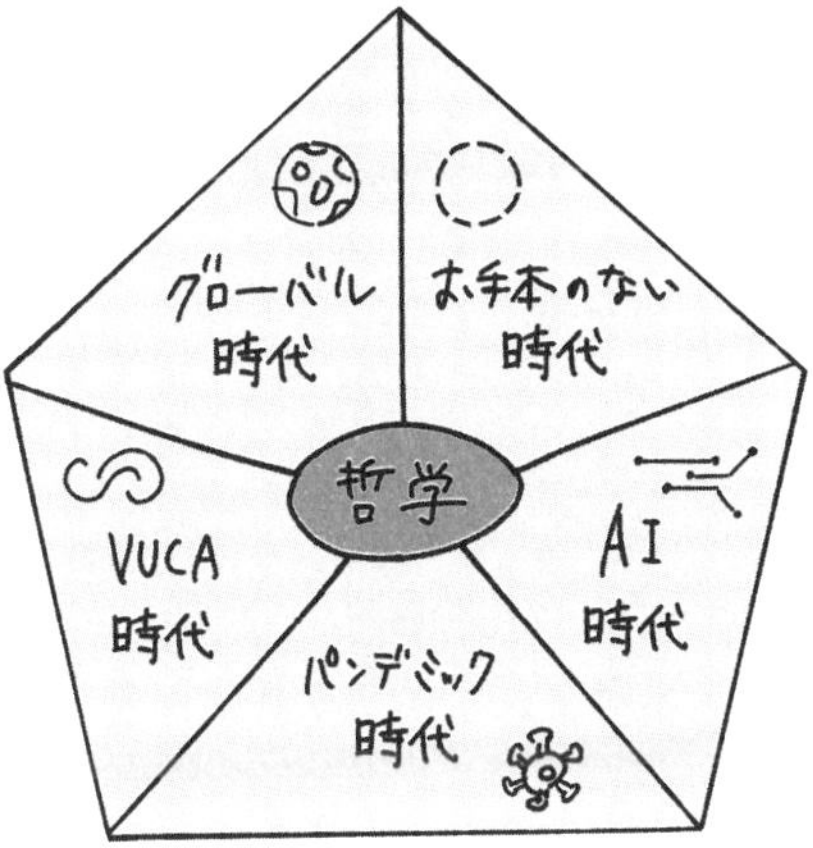

化を進めながら開発を続けるわけですから、いつまたなんどき新しいウイルスが人類を襲うとも限りません。そのたびに常識の再定義が必要になります。哲学は概念を再定義する営みでもあるので、ここでもニーズがあるといえます。

五つ目は**V《ブ》U《ー》C《カ》A時代**です。これはVolatility（変動性）、Uncertainty（不確実性）、Complexity（複雑性）、Ambiguity（曖昧性）という4つの単語の頭文字をとった言葉で、不確実な時代を象徴する用語です。それゆえに**過去のデータにはあまり頼れない状況にあります。だからこそ哲学のような主観**

的な思考が求められるのです。

たしかに従来は思考する際、客観性が最優先されてきました。つまり、客観的なエビデンスに基づいて、論理的に思考すれば正しい答えが出たのです。あたかも公式に数値を代入するかのようにして。

しかしこうした思考の仕方は、何をすればいいかわかっている時には有効ですが、何をすればいいかわからない時代にはうまく機能しません。そして**不確実な時代には何をするのが正しいのかわからないので、客観性ばかりに頼っているわけにはいきません。**

そこで感性を加味したデザイン思考が登場しましたが、やはりデータを根拠にしている点では従来の思考と根本的には変わりません。そんな中で、主観の側に振った思考法である哲学思考が注目されるようになってきました。

企業が注目するビジネス哲学研修とは？

　ここで少し私が行っている**ビジネス哲学研修**についてご紹介しておきたいと思います。一言でいうと、ビジネスに哲学を活用するための研修ということになります。

　内容としては、**基本的な哲学思考を身に付けてそれを実際の自分の仕事に応用するものから、アイデア出しに特化した研修、課題発見に重点を置いた研修、あるいは最近は倫理について学ぶ研修など**、様々なものがあります。

　基本的な哲学思考研修では、まず哲学とは何か、そして今なぜ哲学が求められているのかという話をした後、哲学思考の基本的なプロセスである疑う、視点を変える、再構成する、言語化するという各ステップを公式を使って実践してもらいます。具体的には、仕事のテーマを題材に、そのテーマの中心をなすキーワードについて哲学をしていきます。

たとえば、**「新しい営業の仕方を考えたい」**というテーマであれば、**営業がキーワードになるでしょう。それを自分なりに定義した後、疑い、視点を変えて再定義していきます。**そうすると、自分では思ってもみなかったような常識を超えた営業の概念が出来上がります。

ある参加者は、営業とは単に商品を売って利益を上げるだけの営みだと思っていたところ、哲学思考で再定義した結果、営業というのは自分の人間としての可能性を試し、周囲に感動を与える行為だと捉え直されていました。そして営業改め**「栄業」**という概念を提起されたのです。これは栄光ある偉業という意味だそうです。

大事なことは、こう捉え直すことで、営業の仕方がまったく変わってくるという点です。これまでノルマをこなすだけの辛い仕事だったのが、途端に自分の可能性を試す、また同時に人々に感動を与える素敵な仕事へと変貌したのですから。その方は、これまでは商品や自分を売り込んでいたけれど、これからは自分の可能性を見せるようにするだけだといわれていました。その結果として商品を気に入ってもらえるようにするということでしょう。

こんなふうに哲学思考を学ぶビジネス哲学研修では、たくさんのイノベーティブな概念が生まれているのです。もちろんそれだけでなく、哲学思考そのものも身に付くので、それはこれからの仕事にも、その後の人生においても役立つ知のツールとなっています。

ちなみに、一回の研修は90分や3時間が基本ですが、1日研修にしたり、3日間研修にしたり、さらにはもっと長期間やる場合もあります。つまり、クライアントの希望に応じてオーダーメードしているということです。

アイデア出しに特化した研修

アイデア出しに特化した研修では、様々な哲学概念を使って、一風変わったアイデア出しをしてもらっています。実はそのほとんどは今回この本で明らかにしました。とりわけ**本書の第3章でやってもらうワークは、私が研修で活用しているものです。**

一つひとつのワークは説明5分、演習8分、答え合わせ7分の20分を基本としています。そうして8つくらいやって全部で3時間ほどで完結するケースがほとんどです。

課題発見に重点を置いた研修は、基本的に問いを作る研修です。なぜなら課題の発見とは、面白い問いによって理想の状態を設定し、現状とのギャップを課題として設定するものだからです。

したがって、**この研修ではたくさんのユニークな問いの立て方や、問いの深め方を学んでもらいます。**そしてそこで作った問いを使って、課題設定へと結びつけるといったことをやっています。いかに課題を設定するかは、AIではなく人間に委ねられていることから、この研修のニーズも非常に高くなってきています。これも3時間程度で一通り学べます。

正しさのモノサシを身につける倫理研修

倫理研修については、倫理学の基礎から応用までを一気に3時間ほどでするものです。多くの日本人は倫理学を学んだことがありません。高校で「倫理」という科目を選択することはありますが、あれとは別の学問です。

倫理学とは、**何が正しいかを考える学問**です。そこで正しさのモノサシを身に付けてもらい、実際にそれを使って自分の仕事に関して倫理規定まで作ってもらいます。今は公益が求められる時代ですから、いかにして倫理的経営をするかが成功のカギを握っています。その意味で、今最も注目を集める研修だといっていいでしょう。

また、これらとは別に**「哲学カフェ」**を実施することもあります。説得ではなく互いが納得するための対話をする場です。これによってハラスメントなど職場の微妙な問題を話し合ったり、尖ったアイデアのすり合わせを行うといったことをやってもらっています。

以上が私のやっているビジネス哲学研修の概要です。**先見の明のある企業が、次々と哲学に目を向けています。おそらくそれだけ世の中に新たな発想が求められているということなのでしょう。**

なぜAIに哲学はできないのか？

いま、哲学には大きなニーズがあるという話をしてきましたが、他方でこの世の中はAI全盛期といっても過言ではありません。チャットGPTのような生成AIの登場で、その流れは確実なものとなりました。もしかしたら早晩さらに発達したAI、たとえば意識を持った自律型のAIも登場するのではないかとさえささやかれるほどです。

そこまではいかないにしても、少なくとも**AIが人間の思考に匹敵する、あるいはそれ以上の思考をするのは時間の問題**だといっていいでしょう。現に論理的思考はもはや人間の能力を超えていますし、アートや文学でさえ手掛けるほどになっているわけですから。

AIに哲学はできない理由

しかし、私はAIには哲学はできないと思っています。なぜなら、哲学とは単純な論理操作ではないからです。

哲学とは「全人格的営み」なのです。

先ほど哲学のプロセスを示しましたが、**「疑う、視点を変える、再構成する」といったいずれの段階においても、そこには人間の意志や欲望、直観といった人間の意識的な思考とは関係のない非思考的要素が影響してきます。**たとえばどういう視点で見ようかというのは、人の意志であり欲望です。直観的に何らかの変わった視点を取ることもあるでしょう。

一方、AIにはそうした要素はありません。もしそんな要素を持ったら、それはもはやAIではなくて人間です。したがって、AIがAIである限り、哲学はできません。そうすると、哲学によってアイデアを出すなどということは、AIにはできるはずがありません。

その意味で哲学とはＡＩに負けないおそらく唯一の思考であり、哲学で生み出したアイデアに関しては、ＡＩに負けることはありません。現在ＡＩが生み出しているアイデアっぽいものは、いずれも単なる組み合わせにすぎず、哲学で実現するユニークな組み合わせを生み出すことはＡＩには不可能でしょう。

これは課題解決についてよくいわれることですが、ＡＩはいくら課題解決ができても、課題を発見することはできません。なぜならそれは意味を見出すことであり、意味ということがわかっていないＡＩにそれは不可能な要求だからです。それと同じことがアイデアの創出にもいえるわけです。次章ではそんなすごい哲学の思考法を厳選してご紹介したいと思います。

【本書のトリセツ】

さて、ここまでアイデアと哲学の関係についてお話ししてきましたが、ここで改めて本書の読み方、いわばトリセツについて簡単に説明しておきましょう。まず第2章では「着眼点のユニークな10人の哲学者たち」を紹介します。数多《あまた》いる歴史上の哲学者たちの中から、選りすぐりの10人の考え方を取り上げ、どう使うかについてわかりやすく解説していきます。

第3章では、第2章で紹介した哲学思考をワークを通じて実際に実践していただきます。さらに第4章では、「アイデアを出し続ける思考習慣」ということで、日頃どのようなことに気を付けていればアイデアが出せるようになるのか、私の実践例も踏まえお伝えしていきます。

最後に第5章では、「アイデアを形にする方法」ということで、文字通りアイデアを形にするための方法についてお話しします。これによって単なる机上の空論ではなく、アイデアを商品やサービスに転換するためのノウハウをお示しすることができると思います。

● 本書の使い方 ●

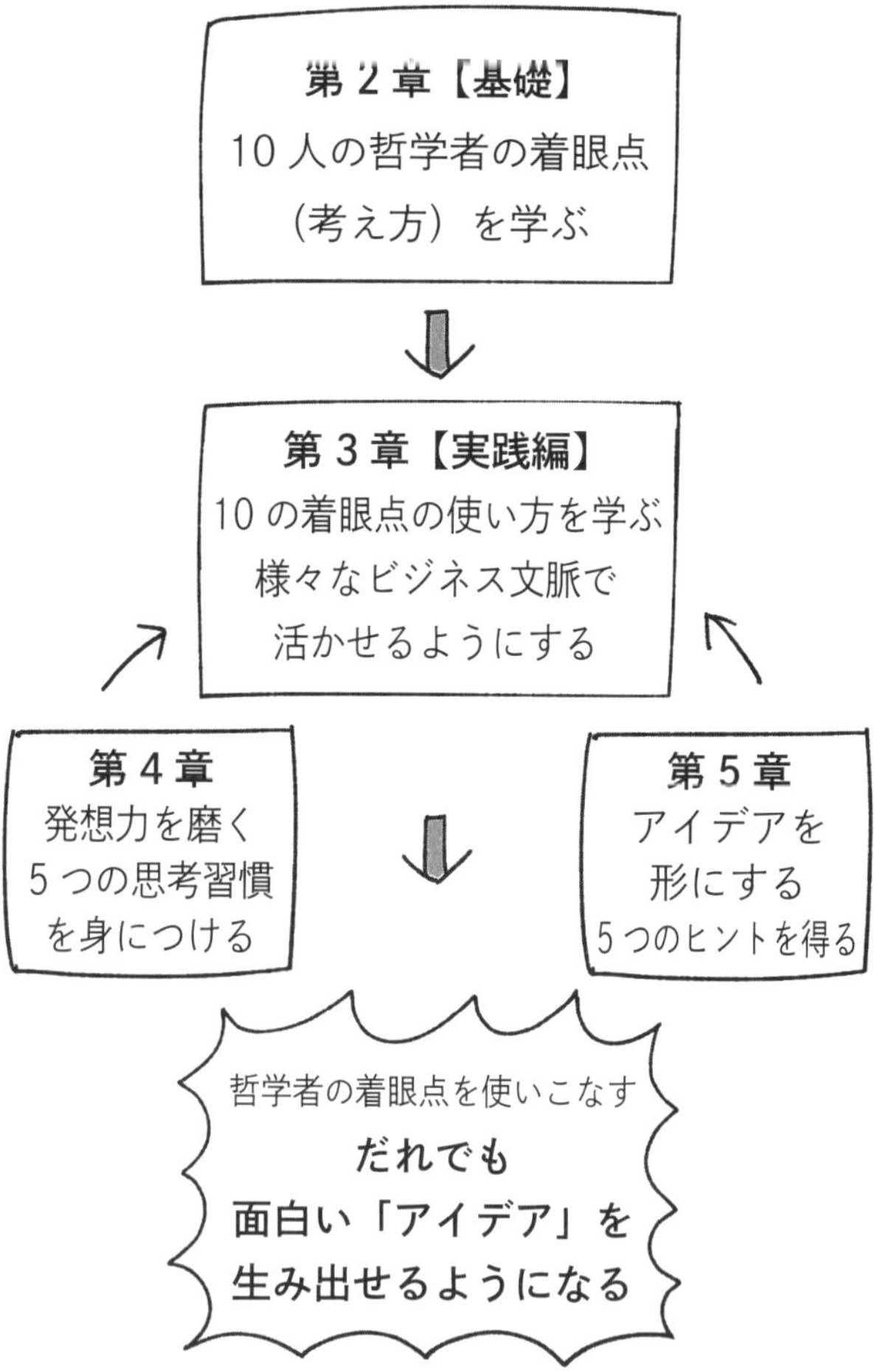
第 2 章【基礎】
10 人の哲学者の着眼点
（考え方）を学ぶ
第 3 章【実践編】
10 の着眼点の使い方を学ぶ
様々なビジネス文脈で
活かせるようにする
第 4 章
発想力を磨く
5 つの思考習慣
を身につける
第 5 章
アイデアを
形にする
5 つのヒントを得る
哲学者の着眼点を使いこなす
だれでも
面白い「アイデア」を
生み出せるようになる

第 2 章

世界の見え方が変わる
10人の哲学者の視点

この章では、特に私が着眼点がユニークだと思う10人の哲学者を選び、それぞれのポイントを解説していきます。選んだ哲学者たちはいずれも哲学史上で誰もが名を知る有名な人物ばかりです。ほぼ時系列になっています。また、古代ギリシアから現代まで様々な時代からチョイスしてみました。

それぞれの哲学者がなぜその着眼点に至ったのか、またそのどこがユニークなのか、さらにはそれをどのように応用することができるのかといった点に着目しながら、読んでいただければと思います。実際どう使うかという点については、第3章でご紹介していきます。

詩学

アイデアは物語から始まる
―― アリストテレス

アリストテレス（紀元前384―紀元前322）

古代ギリシアの哲学者。父はマケドニア王の侍医。プラトンの弟子であり、即位する前のアレクサンドロス大王の家庭教師もしていた。あらゆる学問のもとを築いた「万学の祖」と呼ばれる。

古代ギリシアの哲学者アリストテレスが書いた最古の創作論といってもいいのが『**詩学**』です。ここで彼は、悲劇や喜劇について詳細な分析を行っています。

ただ、その内容はもっと普遍的に**創作の本質について論じたもの**であるといえます。なぜなら、『詩学』という名で知られてはいますが、この作品の原題はギリシア語で「ペリ・ポイエーティケー」となっています。これは『作る技術について』という意味なのです。

では、どうして哲学者のアリストテレスがこんな作品を書いたのでしょうか？

まず時代背景として、**古代ギリシアでは叙事詩や悲劇などが盛んだった**ということが挙げられます。現代の私たちが、たとえ哲学者であっても映画やアニメ・漫画について論じるのと同じだと思います。

そしてもう一つ大事なのが、**創作と人間の関係についての興味**です。これは『詩学』をはじめとした彼の著作の記述内容からわかることなのですが、**アリストテレスは創作の持つ力に着目していた**のです。

ここはいかにも哲学者っぽい着眼点だと思います。つまり、詩でもなんでも創作するということにはエネルギーがいります。そのため、そこには大きな力が働いているのです。ある意味でそれは、私たちが単に日常生活を送っているときには現れない力だといっていいでしょう。誰しも図工の時間に絵を描いたり、国語の時間に詩を作ったりした経験があると思いますが、創作というのは少し特別なことなのです。

しかしアリストテレスにいわせると、創作という営みは、人間にとって決して特別なことではありません。とりわけ詩作に限ってみても、それは**人間の自然本性に発し**

た自然なふるまいだというのです。考えてみれば人間もまた自然の一部です。だからそんな自然に親和性を感じ、意識的無意識的に一体化しようとするのではないでしょうか。

あの鳥のように美しく鳴きたい、あの花々のように美しく咲きたい。そうした自然を模倣したいという気持ちが創作につながっているということです。だから**アリストテレスは創作における模倣の意義を重視した**わけです。

アリストテレス流 物語のつくり方

問題は、その模倣を、どうやって形にしていくかです。アリストテレスは主に悲劇を題材にその方法について論じていきます。

まず悲劇には、**ストーリー、（登場人物の）性格、語法（言葉の組み立て）、思考、視覚効果、歌曲の6つの要素**があるといいます。**その中でも一番重要なのがストーリー**

です。

ここでいうストーリーとは、「行為から生じる出来事を組み立てたもの」だと説明されます。つまり、ある主体がなにか行為をすると、それがきっかけとなって様々な出来事が生じます。それらの出来事を効果的に組み立ててつなげたものがストーリーにほかなりません。その際注意すべきこととして挙げられている前提のところが、いかなるストーリー作りにも応用できる重要な部分だと思われます。

ここではアリストテレスが挙げている次の3点に着目してみましょう。

「1 全体性」「2 統一性」「3 普遍性」

まず**全体性**というのは、つまり「始め、中間、終わり」があることです。始めと終わりがストーリーにとって大切であることはいうまでもないと思います。そしてその間に中間があるのです。最低限この三区分を意識しながら、さらに全体の秩序と大きさに注意を払う必要があります。

アリストテレスは、「美しいものは秩序と適切な大きさのうちにある」と明言しているように、**全体が秩序だっていることとそれに関連して適切なサイズであることを美の要件としています。**ストーリーでいうと、短すぎても長すぎてもだめだということです。話があっちこっちいくようでは、長くなりますし、秩序もないといっていいでしょう。

次に**統一性**というのは、一つのまとまりがあるということです。

これは**余分な要素が入っていない**ということです。もちろん本筋に関係のある脱線はむしろ物語を豊かにするために必要なわけですが、無関係だと統一性を損ないます。そこを意識する必要があるということでしょう。

彼によると、その部分が本質に影響しないなら、それは統一性を欠く要素だといっています。統一性というのは簡単ではありませんが、これが一つの目安になるのではないでしょうか。

さらに**普遍性**です。

これは文字通り誰にも当てはまりうる事柄でないといけないという点です。面白いのは、この点を説明するために、アリストテレスが物語と歴史を比較していることです。

歴史に登場する人物や出来事は実在しているがゆえに固有のものです。だから歴史を読んでもその人と同じ人間になろうとは思いませんし、それは不可能です。

ところが、物語であれば、仮に歴史上の人物がモデルになっていたとしても、それは誰にでも当てはまりうる一つのモデルになるのです。これが普遍性という要素です。**ストーリーである限り、読者に「ああ、自分もこんな体験がしたい」という想いを抱かせることができないと、人を惹きつけることはできません。**

私も短いキャッチコピーからエッセー、そして1冊の本に至るまで、様々なジャンルの文書を書きますが、アリストテレスのいうこれらの3要素を意識するまでは、割と全体性、統一性、普遍性に欠けた文章を書いていたような気がします。

おそらくそれは、文章というものを俯瞰して捉えることができていなかったからだと思います。書くという行為に集中すると、どうしても木を見て森を見ずという状況になってしまうのでしょう。アリストテレスのいうように、**ストーリーとは組み立てですから、常に全体像を意識しながら作成する必要があります。**

こうして全体の構成について論じた後、アリストテレスは特に悲劇のストーリーにとって重要な逆転、再認、受難といった物語の転換をもたらす技法について分析を続けます。たしかに、状況が逆転したり、再認つまり真実を知ったり、不幸な苦しみを味わったりというのは悲劇を優れたものにするでしょう。

そのほか、ストーリー以外の要素についても、悲劇を題材に詳細な分析がなされているのが『詩学』の特徴であり、それゆえに創作のための古典として、ジャンルを超えて読まれ続けているのです。

コペルニクス的転回

見たものをそのまま信じない
――カント

イマヌエル・カント（1724―1804）

ドイツの哲学者。それまでのヨーロッパの哲学を総合し、ドイツ観念論と呼ばれる潮流を生み出したとされる。起床から就寝まで規則正しい生活を送ったことで有名。明朗で社交的な性格だったが、生涯独身を貫いた。

近代哲学に大きな転換点をもたらしたのが、ドイツの哲学者イマヌエル・カントです。なんとカントは、私たちのモノの見方を180度変えてしまいました。まさにユニークな着眼点を提示したのです。

人間のモノの見方のことを、哲学用語では「認識」といいます。モノを見て、それがいったいどういうものなのか理解するということです。

たとえば、リンゴを見たとき、私たちはそれが赤くて丸い果物だと思うはずです。なぜなら、私たちの視覚情報によると、リンゴは赤くて丸いからです。

ところが、カントはまったく正反対のことをいいました。つまり、**リンゴが赤くて丸いのではなく、ただ私たち人間にはそうとしか捉えられないだけだと。**ということは、私たちがモノを認識しているのではなく、逆に**モノの方が私たちに合わせて存在していることになります。**

こうした見方は、太陽ではなく地球が動いているという地動説を唱えたコペルニクスになぞらえ、**「コペルニクス的転回」**と呼ばれています。もう天体の見方どころか、この世に存在するすべての物事の見方を全部逆転させたわけですから、コペルニクス以上の着眼点といっていいでしょう。

人間は本当の世界を見ることはできない

これによってカントは、私たちが物事を認識するための仕組みを明らかにしていきました。彼の説明はこうです。

コペルニクス的転回

従来の考え方
赤くてまるい
リンゴ
人間がモノを認識している
カントの考え方
人間には
赤くてまるく
見えてるだけ
五感
モノが人間に合わせて存在している

まず私たちは、感性によって対象を捉えるといいます。感性というのは、五感によって感じる能力のことです。

この五感が神様みたいに万能ではないゆえに、リンゴを「赤くて丸い」としか捉えられないのです。仮に超音波が出ているとしても、人間にはわかりませんよね。コウモリならわかるかもしれませんが。

これは他の動物にとって世界がどう見えているのか考えてみれば、イメージしやすいと思います。犬は青と黄色とその中間色しか感じられません。だから赤はグレーに見えるようです。ということは、リンゴは赤くて丸いのではなく、犬の世界では「あのグレーのやつね」っていってるわけです。

次に私たちは、その感性で捉えたものがいったい何なのか、悟性（自分の理解した事実に基づいて、論理的に物事を判断する能力）**あるいは知性という能力によって考えます。**何なのか理解しようとするということです。だからここでは感性と違って頭を使います。

とはいえ感性と悟性の両方の段階に共通しているものもあります。それは時間と空間、そして因果性などの論理形式をまとめた「カテゴリー表」と呼ばれる分類表によって、物事が判断されている点です。これは、物事を判断するためのパターン表のようなものです。全体としては、「分量」、「性質」、「関係」、「様態」と四つの区分があって、さらにそれぞれが三つに分かれています。つまり4×3で12通りあります。

そんな**モノサシがないと、私たち人間は物事を認識できない**からです。時間とか空間はもちろんのこと、大きさとか形みたいなものも確定しないと、それがどういうものか理解するのは不可能でしょう。

その結果、私たちが認識できるのは、自分が実際に経験できる世界だけに限られてきます。つまり、**経験できないものは認識することができません**。カントはそれを**「物自体《ものじたい》」**と呼びました。

● カントの物事を認識するしくみ（物自体）●

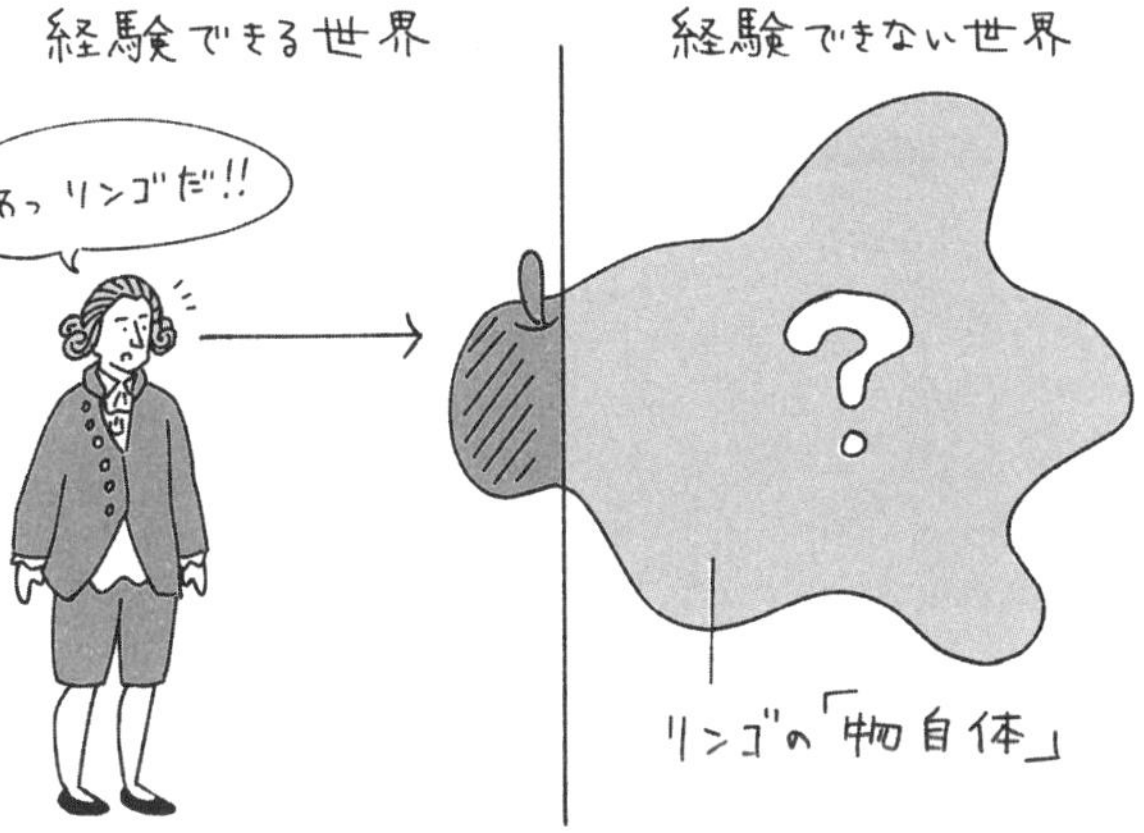

すべての物事には、物自体という側面があるのです。リンゴにはリンゴの物自体があります。でもそれは誰にも認識できないのです。誰にも認識できないのに、必ずそうした側面があるというのが面白いところです。

いずれにしても、日頃私たちがどのように物事を認識しているのか、そして何を知ることができないのか、そのメカニズムを知っておくことはとても有意義だといえます。それによって、モノの捉え方が変わってくるからです。

弁証法

「ピンチ」を「チャンス」に変える——ヘーゲル

ゲオルク・ヴィルヘルム・フリードリヒ・ヘーゲル（1770—1831）

ドイツの哲学者。認識論、自然哲学、歴史哲学、美学、宗教哲学、哲学史研究に到るまで、哲学のあらゆる分野を網羅的に論じた。
主著『精神現象学』により、ドイツ哲学において主流的地位を築いた。

ドイツの哲学者ヘーゲルは、近代哲学の頂点に立ったといってもいい大哲学者です。ヘーゲル以降の哲学はすべて反ヘーゲルだという人もいるくらいです。彼が頂点を極めたから、それ以上新しいものはもう考えられないので、後はヘーゲル批判をするよりほかなかったということでしょう。その偉大なヘーゲル哲学を象徴する概念が、**弁証法**なのです。

でも、ヘーゲル自身が弁証法という概念を作ったわけではありません。実はこの言葉自体は古代ギリシアのソクラテスの時代から存在しました。ただし、当時の弁証法は、単に相手の主張の論理的な

ヘーゲルの弁証法

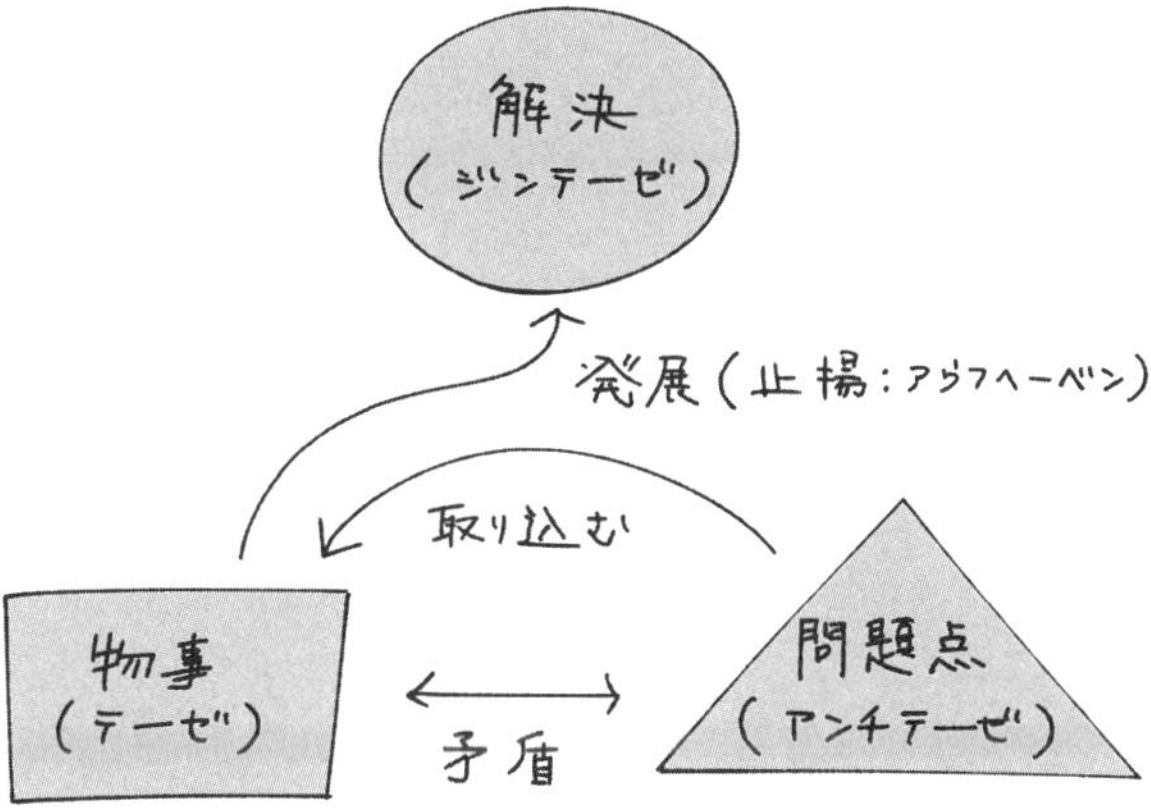

矛盾をつくための対話術にすぎませんでした。ヘーゲルはその弁証法を、**物事を発展的に考えるための論理**として磨き上げたのです。

具体的には、ヘーゲルのいう弁証法は、**問題が生じたときに、それを克服してさらに一段上のレベルに到達する思考法**です。これによって一見相容れない二つの対立する問題を、どちらも切り捨てることなく、よりよい解決法を見出すことができます。

具体的には、**「正→反→合」**、あるいはドイツ語で**「テーゼ→アンチテーゼ→ジンテーゼ」**などと表現されます。特に、アンチテーゼを取り込んで発展させる部分を**「止**《し》

揚《よう》する」たとか、**「アウフヘーベンする」**といいます。

つまり、ある物事（テーゼ）に対して、それに矛盾することがら、あるいは問題点（アンチテーゼ）が存在するような場合に、その問題点を取り込むことで矛盾を克服し、より発展した解決法（ジンテーゼ）を生み出すというものです。**最大のポイントは、問題点を切り捨てるのではなく、あくまでそれを取り込んで発展させようとする点です。**ここがヘーゲルの着眼点がユニークなところだといえます。

弁証法は「問題」を「プラス」に変える

普通は問題点を切り捨てようとするでしょう。でも、ヘーゲルはそれをプラスに捉えたのです。これは否定というものを肯定的に位置づけることで初めて可能になる発想だといえます。ヘーゲルの本当のすごさはここかもしれません。誰もがネガティブに捉える否定を、むしろ発展のきっかけとして位置づけたのですから。

だから**弁証法の結果は、妥協や折衷とは違って、発展をもたらすのです。実際ヘーゲルは、あらゆる物事がこの弁証法の繰り返しによって発展していくと考えました。**

たとえば、個人の意識は理性を経て神様レベルの絶対知に至るまで発展するといいます。絶対知というのはこの世のすべてを理解することのできる知のことです。弁証法を繰り返せば、人間の意識はその段階まで行くだろうということです。あくまで理屈上の話ですが。あるいはまた、共同体は家族、市民社会を経て国家へと発展していくといいます。

さらに世界の歴史も、アジア世界からゲルマン世界の段階へと発展していくというのが、ヘーゲルによる弁証法の応用例です。

逆にいうと、**これを思考のツールとして使えば、私たちはどんな問題も解決し、発展的な答えを導くことができる**ということになります。

現象学的還元

世界を括弧に入れる
――フッサール

エトムント・フッサール（1859―1938）

オーストリア出身の哲学者。学問的キャリアは数学と天文学の研究からはじまったが、数学の博士号取得後に専攻を哲学に変更した。現象学の創始者として知られる。

現象学的還元というのは、オーストリア出身の哲学者エトムント・フッサールの創設した哲学、**現象学の中心をなす方法論**のことです。

そもそも**現象学**とはどんな学問なのでしょうか？

すでにカントの認識論について紹介しましたが、フッサールはそのカントの考え方を乗り越えるために現象学を唱えました。カントによると、私たちが物事の真の姿を完璧に捉えるのは不可能ということでした。なぜなら、そこには人間には決して捉えることのできない物自体、

● フッサールの現象学的還元 ●

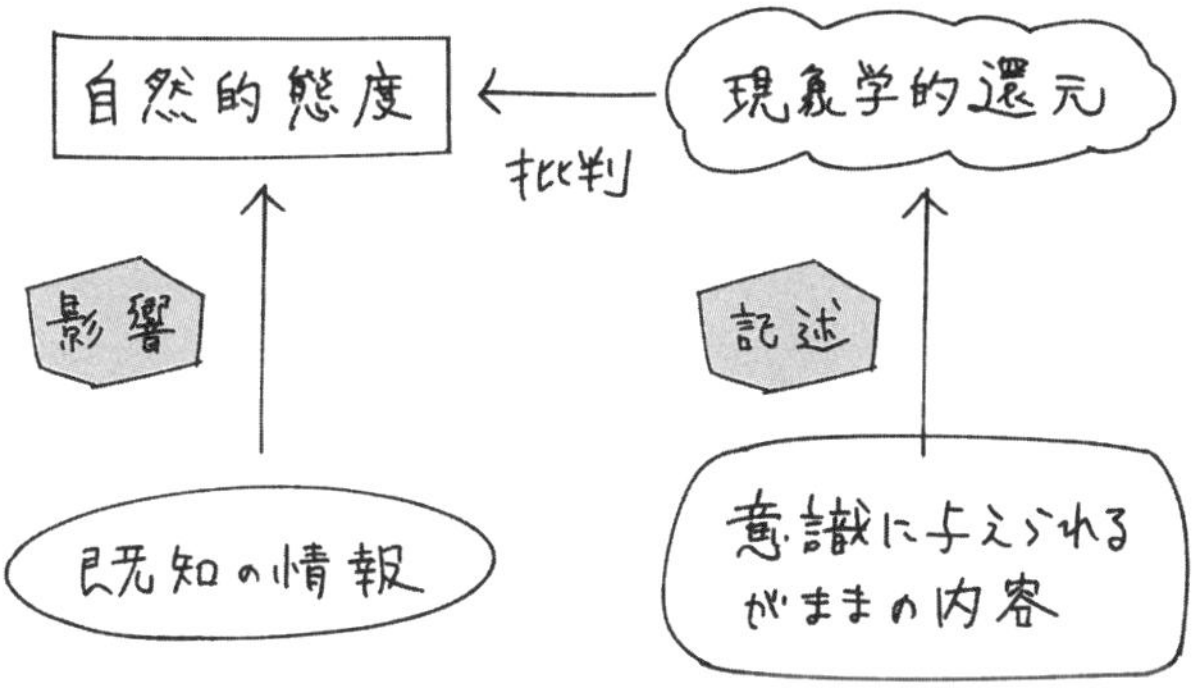

つまり本当の世界の姿が存在するからです。

すなわち、いくら物事を認識しても、それが客観的に正しいとはいえないことになります。それではいつまでたっても物事を正しく捉えることができません。そこで、**フッサールは認識に対する考え方を根本的に変えようとして現象学をつくりました。**

具体的に言うと、**現象学とは、心の中身を考察するうえで、意識に与えられるがままの内容を記述するものです。**

何かを経験したとき、自分が本当に捉えたものは何なのか、もっと素直に表現することだといってもいいでしょう。

一般に人間は、客観的な事実や情報に頼

って物事を考えようとします。既知の情報に影響されるということです。

しかしフッサールは、そんな人間の態度を**「自然的態度」**と呼んで批判しました。

たとえば、皆さんが丘の上に立って花を見ている様子を思い浮かべてみてください。

多くの人は自分が丘の上に立って花を見ている姿を思い浮かべるはずです。でも、それはどこかで見たことのある映像、いわばどこかで得た情報を元に思い浮かべているだけで、本当に自分が花を見ている姿ではありません。なぜなら、**本当に自分が花を見ているなら、自分の姿など見えず、花しか見えないはずだからです。**

フッサールが批判するのは、認識に対するそんなインチキな態度なのです。インチキとは言い過ぎに聞こえるかもしれませんが、本当の認識、本当の経験ではないのですから、ここではあえてインチキと表現しておきましょう。

思い込みを外す「現象学的環元」

彼は、世界に対するそんなインチキな判断をいったん中止し、それらを括弧に入れることで、心の中の純粋な意識に立ち返るという方法を提案しました。あたかも本当の記憶を探るかのようなイメージです。

これは**「判断中止（エポケー）」**と呼ばれます。

簡単に言うと、**自分の物の見方、捉え方を疑うということです。あえて判断を中止することで、真理に向き合うことができると考えたのです。**

そして、この一連のプロセスこそが**「現象学的還元」**と呼ばれるものにほかなりません。つまり現象学的還元とは、**思い込みを疑い、本当に体験したはずのものを取り戻す行為のこと**です。

現象学的還元によって純粋な意識の内面に立ち戻ると、あらゆる対象は主観の意識

● エポケー ●

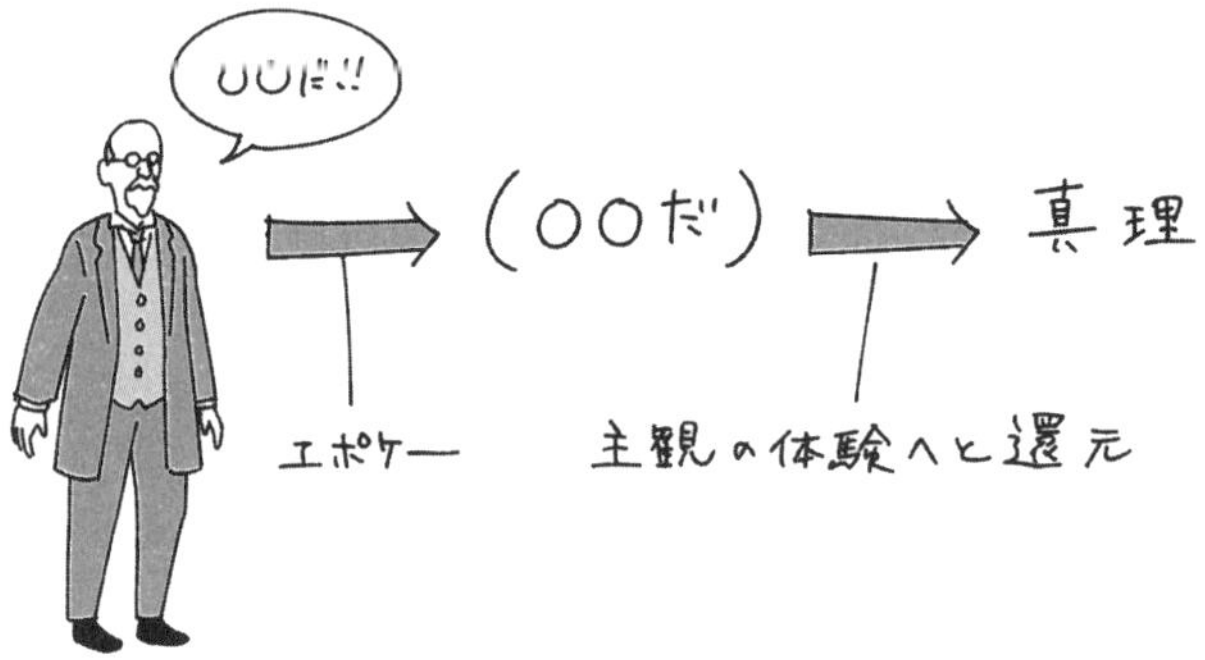

の中に現れてきます。言い換えると、**現象学的還元とは、すべての対象を主観の体験へと還元するための手続きなのです。**

とはいえこれは純粋な主観ではありません。

純粋な主観というのは、ある事柄を体験したその瞬間のことをいうのですから。いくらそのときのことを思い出しても、もうそれはその当時の主観ではなく、あくまで思い出して再構成した主観たらざるを得ないのです。

だからフッサールは、これを**「超越論的主観」**と呼びました。超越論的というのは、ごくシンプルにいうと、純粋に主観で捉えたものを超え出て、その外側にあるものも捉えているという意味です。

「客観的な正しさ」より「主観的な正しさ」

では、このように現象学的還元によって、意識に現れた世界をありのままに見つめるといったいどんなことが起こるのでしょうか？

フッサールによると、**物事の本質を直観することができるようになる**といいます。これは「本質観取（本質直観）」と呼ばれます。そしてこの直観された本質が、確実な知の基盤になるのです。このように現象学が捉えようとするのは、客観的な真理ではなく、むしろ真だという確信を根拠とする理論である点に特徴があります。客観的な正しさよりも、主観的にこれが正しいという確信が持てるかどうか、言い換えると、**人が言ってるから正しいと思うのではなく、自分でこれが正しいと確信することこそが大事なのです。**

エピステーメー

構造を読み解く
——フーコー

ミシェル・フーコー（1926—1984）

フランスの哲学者。権力の本質を暴いた告発者。人間の内面的意識を規定する社会の規範構造を明らかにしようと努めた。また、知を考古学的に考察することで、知の枠組みに関する新機軸を打ち立てた。

「エピステーメー」というのは、**知の枠組みのこと**です。20世紀フランスの哲学者ミシェル・フーコーが提起しました。**フーコーは、知というものを新たな視点で捉え直した**ことで知られています。

たとえば学問は知を象徴していますが、時代によって変遷があります。いわば学問も進化していっているのです。彼がこうした発想に至った背景には、当時の哲学の潮流が大きく影響していたといえます。

当時のフランスでは、それまで隆盛だった**「実存主義」**が批判され、**「構造主義」**という新しい潮流がもてはやされていました。実存主義というのは、人間の主体を中心に物事を考える立場です。一方、構造主義は個々の人間の主観とは別に世界を客観的に捉える立場です。

文化人類学が発展したこともあって、世の中は人間の主体の外で、いわば人間の働きかけとは別に構成されていることが明らかになってきたのです。

フーコーもまた、そうした**構造主義の考え方に影響を受け、学問の進化を客観的に捉えようとした**わけです。

知識の枠組みを読み解き本質を見出す

では、学問はいったいどのように進化していくのでしょうか？

これがフーコーの唱えた「エピステーメー」と関係しています。

エピステーメーとは、もともとはギリシア語で、「学的認識」を指します。いわゆる知識のことです。

たとえば古代ギリシアの哲学者プラトンは、理性が導き出す知識のことをエピステーメーとして、単なる主観にすぎない「ドクサ（偏見）」と対比させました。

これに対してフーコーは、『言葉と物』の中で、これを独特の知のあり方を表す語として用いたのです。それは個々の知識の話ではなく、その時代のあらゆる学問に共通し、**あらゆる知の成立条件を規定する土台のようなもの**だといっていいでしょう。フーコーは、**知の土台を明らかにすることが、認識の場を築くことになると考えた**のです。

たしかに、研究者が同じ対象を研究するにしても、時代によって視点が異なってきます。なぜなら、知は世界の枠組みに影響を受けて形成されるものだからです。

フーコーは、そんな知の枠組みの歴史を探ろうとしたわけです。その方法こそ、考古学になぞらえられるものにほかなりません。

彼は、その考古学的調査の結果、**四つの時代のエピステーメー**を区分しました。

つまり、**16世紀ルネサンスのエピステーメー、17・18世紀の古典主義のエピステーメー、19世紀の近代人間主義のエピステーメー、今後現れるであろうエピステーメー**の四つです。

● 4つの時代のエピステーメー ●

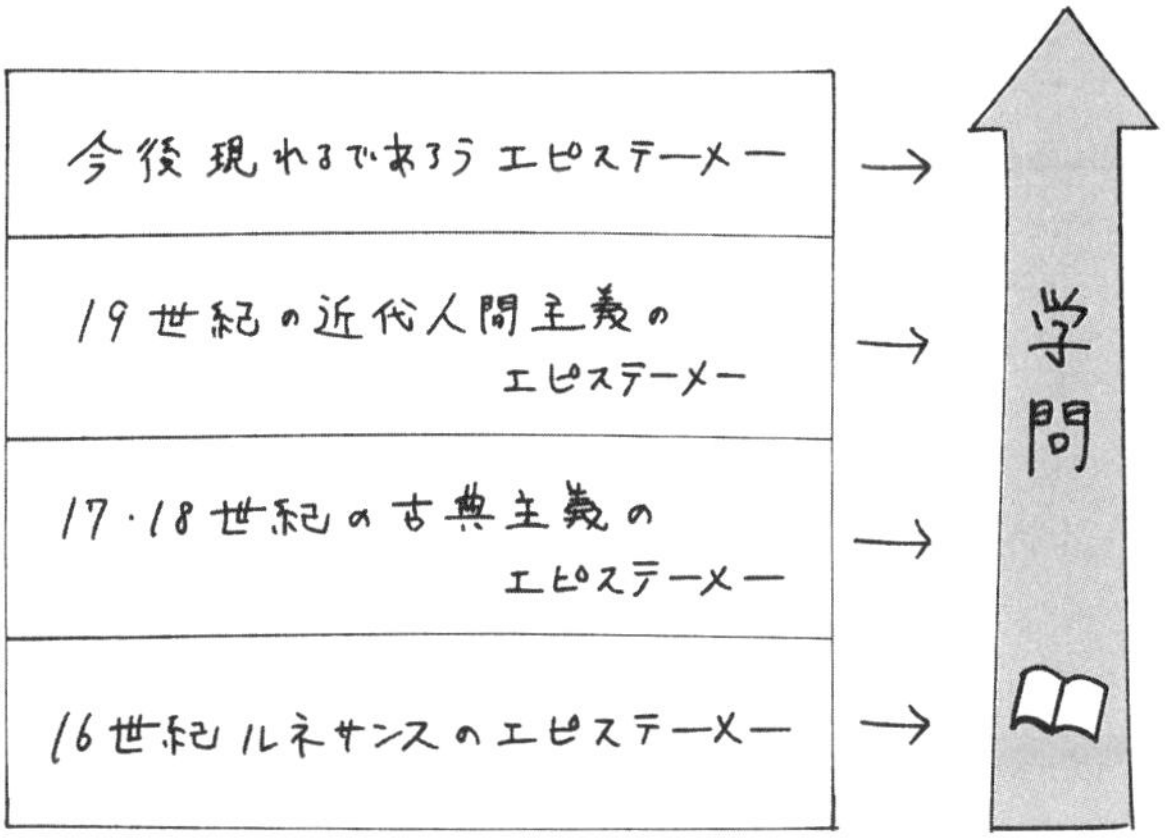

私たちはそうした知識や学問を、まるで普遍的で連続したものであるかのように捉えがちです。

ところが、**実はそれは気づかぬところで時代の制約を受けています**。つまり、知の土台としてのエピステーメーが時代によって変化すれば、それにつれてあたかも**地層が変わるかのように、別の新しい時代のエピステーメーに規定された新しい学問が築かれる**ということです。

脱構築

一から作り直す
——デリダ

ジャック・デリダ（1930—2004）

フランスの哲学者。当時フランスの植民地であったアルジェリアでユダヤ人の両親のもとに生まれる。従来の哲学研究や教育そのものを根底から問い直そうとした。哲学だけでなく、文学、建築、演劇など多方面に影響を与えた。

20世紀フランスの哲学者ジャック・デリダは、**ポストモダンの旗手**と呼ばれます。近代以降の時代の哲学を開拓したパイオニアだからです。**「脱構築」**とはそんな彼の用語で、**既存の物事のあり方を解体し、一から新たな形に構築し直すことを表しています。**

そもそも近代という時代は、それまでの歴史の中で優位な立場にあった価値を、正しいものと決めつけていました。

たとえば、次のようなものです。

・論理的なものやわかりやすいものを最

優先する態度
・文字よりも声を優先する態度
・目の前に現れたものを正しい存在だとする態度
・男性的なものを女性的なものの優位に置く態度
・ヨーロッパを他のどの地域よりも優位とみなす態度

しかしデリダは、そうした態度には大いに問題があると考えました。なぜなら、論理的なものだけが正しいとする考えだからです。つまり、デリダは**論理では説明できないものやユニークな考えを排除するような従来の態度を批判**しました。

こうした近代的価値批判を展開する点が、ポストモダンの旗手たるゆえんです。

そこでデリダは、**それらの価値を構築してきた西洋近代の哲学体系そのものに揺さぶりをかけることで、解体を試みたわけ**です。それが脱構築という概念にほかなりません。「構築（construction）」に、ドイツの哲学者ハイデガーによる「解体（Destruktion）」という用語を組み合わせて考えられたフランス語「デコンストリュクシオン」という

● デリダの脱構築 ●

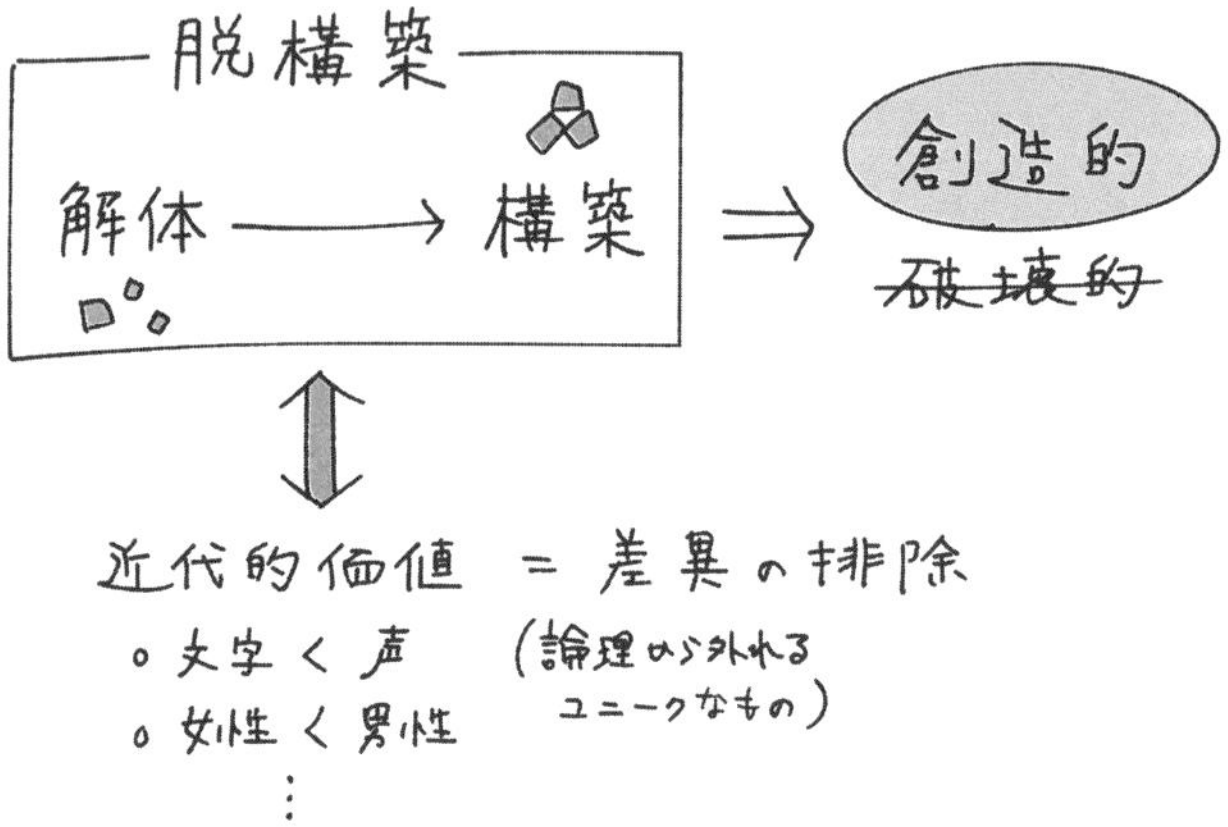

造語の訳です。構造物を解体し、構築し直すという意味になります。

ここでのポイントは、単に解体するだけではなく、構築し直すという点です。

実際、この用語は脱構築主義建築という形で建築の世界に応用されています。従来の建築の常識を覆すような形態やコンセプトです。形がぐにゃっと歪んでいたり、一見破壊されたような外観の建築がその一例です。ここからもわかるように、**脱構築は破壊的な営みではなく、むしろ創造的な営み**のことを意味します。

最後にデリダ自身が社会の中で実践した

といってもいい脱構築の例をご紹介します。それは**国際哲学コレージュの創設**です。デリダは哲学教育もまた硬直化しているとして、市民が誰でも気軽に哲学を学べる場を作ろうとしていました。

ところが、既存の大学の枠組みでは難しいことでした。たしかに大学には入学条件があったり、単位制度があったり、授業料が必要だったりと、市民がふらっと立ち寄って学べるような場所ではありません。

だからデリダは、**哲学教育という概念を解体して、必要な要素だけで構築し直しました。**そうすると、別に単位制度や授業料などなくても、哲学を学ぶ場を用意することは可能です。こうしてできたのが、市民が誰でも気軽に哲学を学べる場、国際哲学コレージュでした。ちなみに国際哲学コレージュは寄付で成り立っています。コンセプトがいいと、寄付する人がたくさん出てきます。大事なのは、脱構築できるかどうかです。

逃走線

創造のためにあえて逃げる
——ドゥルーズ

ジル・ドゥルーズ（1925—1995）

フランスの哲学者。20世紀フランス現代思想を代表する哲学者の一人。ジャック・デリダなどとともにポスト構造主義の時代をリードした。精神分析家のフェリックス・ガタリとの共著により、多くの斬新な概念を生み出した。

20世紀フランスの哲学者ジル・ドゥルーズもまた**ポストモダンの旗手**に位置づけられます。

とりわけ彼は、固定化した状態から、差異を求めて変化していくことをよしとしました。その背景にはやはり近代批判があるのです。近代という時代に行き詰まりを感じていたからこそ、そこから逃れ、**自由を追求する術**を考えたわけです。

具体的にドゥルーズは、差異を求めて固定されたものや全体性から逃れる思考を、**「逃走線」**と表現しました。まさに逃げていく線のことです。**なぜ「線」な**

のかというと、「点」だと固定されてしまうからです。

彼は領土を比喩に用いますが、**いわばまだ地図に載っていないような領土に向かって進む運動こそが逃走にほかなりません。**それは、ここにはない他なるものを求め続ける営みなのです。

だから見つけた領土が地図に載ると、そして他なるものを見つけると、それらはもう固定化されてしまうので、そこから逃れる必要があるわけです。

かくして逃走は点ではなく線となり、運動し続けることを余儀なくされます。その意味で、ドゥルーズの思想の根幹には**「生成変化」**があるといっていいでしょう。生成変化もまたドゥルーズの用語なのですが、あらゆる物事は常に生じては変化するという運動を続けているという意味です。一見動いていないようなものも、実は何らかの変化をしている可能性があるということです。

また生成は逃走線によって始まるとされますが、これが意味するのは、**逃走線という概念があって初めて、物事は生じ、変化していくということです。その点で逃走線**

は物事を生み出す原理だということもできます。

新しいものを生み出すためには、逃走線のような発想が必要だということです。

そういえば、ドゥルーズは哲学を概念の創造であると定義していますが、**逃走線という発想が根底にあるからこそ、概念も創造できるのに違いありません。彼の哲学は逃走線をベースに、そこから次々と新しい概念を生み出し続ける営み**にほかならないのです。

面白いのは、そうして生み出される概念は、やはりいずれも動的で、変化することを前提にしているという点です。

たとえば、**「リゾーム」**という概念はその典型でしょう。**根状の茎**を意味するこの言葉を、ドゥルーズは哲学用語として生み出しました。**始まりも終わりも中心もない思考法**を指す用語です。その対極に位置づけられるのが、**樹木を表す「ツリー」**という言葉です。こちらは、幹があり、そこから枝が伸びていることからもわかるように、**始まりも終わりも中心も明らかな思考法**、いわゆるロジカルツリーに象徴されるような論理思考を表しています。

ドゥルーズの逃走線

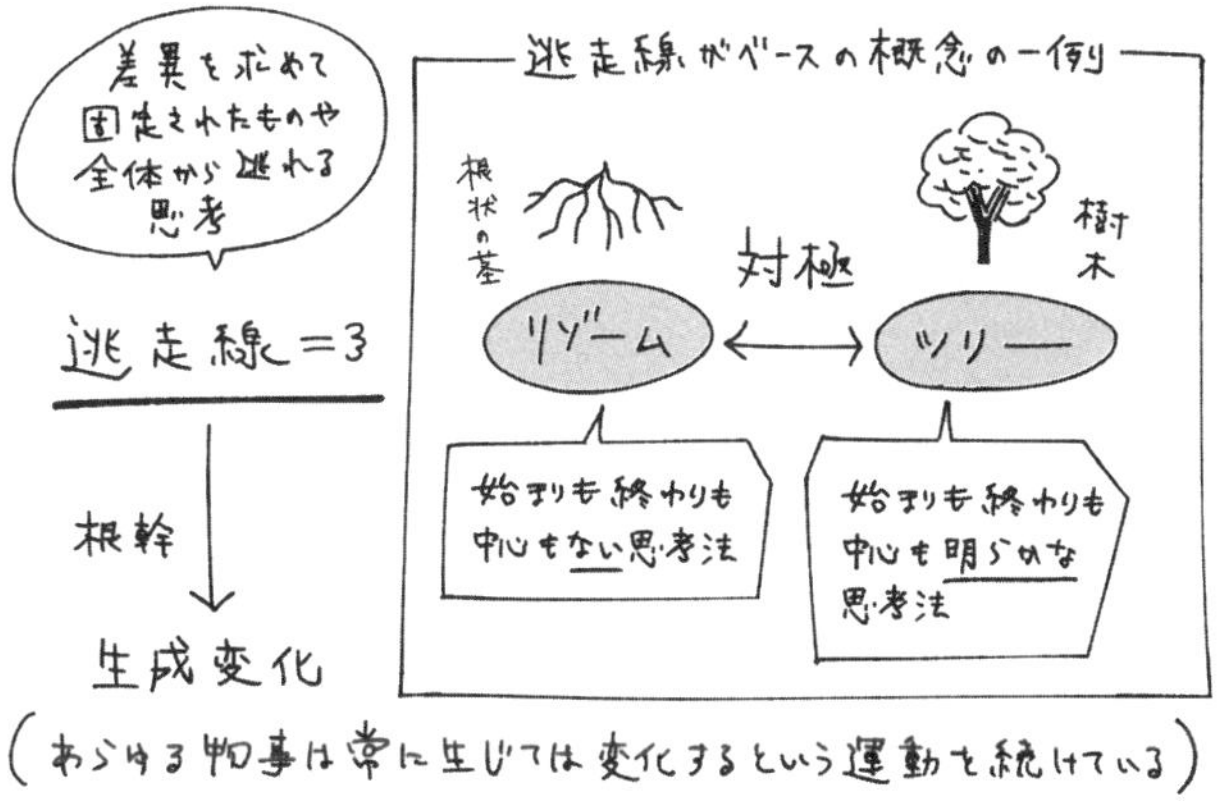

ツリー的思考はまさに近代の合理主義を象徴しており、それを打ち破るものとしてリゾーム的思考が打ち出されているのがよくわかると思います。こうしてドゥルーズは、**現状の行き詰まりを打破すると同時に、新たな創造を行うべく、様々な概念を生み出し続けたのです。**あたかも自らがここにはない場所を求めて逃走し続けるかのように。

可能世界

別世界から捉え直す
——ルイス

デイヴィッド・ルイス（1883—1964）

アメリカの哲学者。20世紀後半の分析哲学研究において、牽引者のうちの一人とされる。我々が生きる世界が他の世界より現実的であるわけではなく、「世界は複数存在する」と主張した。

「可能世界論」とは、何かが可能であるということは、それがある可能世界で成り立っているということだと考えるものです。わかりやすくいうと、**私たちの住むこの現実の世界以外に、もっと別の世界の可能性を想定する考え**だといっていいでしょう。

その中には、**パラレルワールド**のように複数の世界が同時に存在すると考えるものや、世界は一つだけれども、まだ無数の未知の可能性があると考えるものなど色々種類があります。

実はこうした可能世界の発想自体は、17世紀ドイツの哲学者ライプニッツにまでさかのぼるといわれますが、それがはっきりと理論として唱えられるようになったのは、20世紀に入ってからです。

その理論家の一人が、**アメリカの哲学者デイヴィッド・ルイス**です。ルイスは**「様相実在論」**という説を唱えました。

これは、可能世界が、私たちの住むこの現実世界と同じように存在すると考えるものです。その点では**パラレルワールドが無数に存在する**という考え方に似ているといえます。

また別の言い方をするなら、**可能世界とは、物事がそうであり得た多くの仕方にほかならないとも表現されます。このように、私たちの住むこの現実世界と、あり得たかもしれない可能世界とは、重なり合うことはありません。**

たとえば、私は哲学者であって野球選手ではありません。でも、野球選手になっていたかもしれません。つまり、私が野球選手として生きている世界もありうるのです。

ただ、一つの世界において、私が同時に哲学者であり野球選手であるということはないのです。

もちろん、私が今からプロテストを受けて、奇跡的に野球選手になる可能性はゼロではないでしょう。でもそういう次元の話ではありません。もっとわかりやすい例を出すなら、私は犬ではありません。だから人間であり同時に犬であることはできないということです。少なくとも一つの世界では。

可能世界という知のツール

では可能世界とはどうやって想定することができるのか？　そこでルイスが持ち出すのは、**「組み換え原理」**と呼ばれるものです。簡単にいうと、**世界のいろいろな部分を組み換えることで可能世界を想定する**のです。

たとえば、目の前のなんの変哲もない消しゴムも、鉛筆で書いた文字を消すという性質と、言葉を話すという性質とを組み換えることができます。消しゴムだって言葉

● ルイスの可能世界 ●

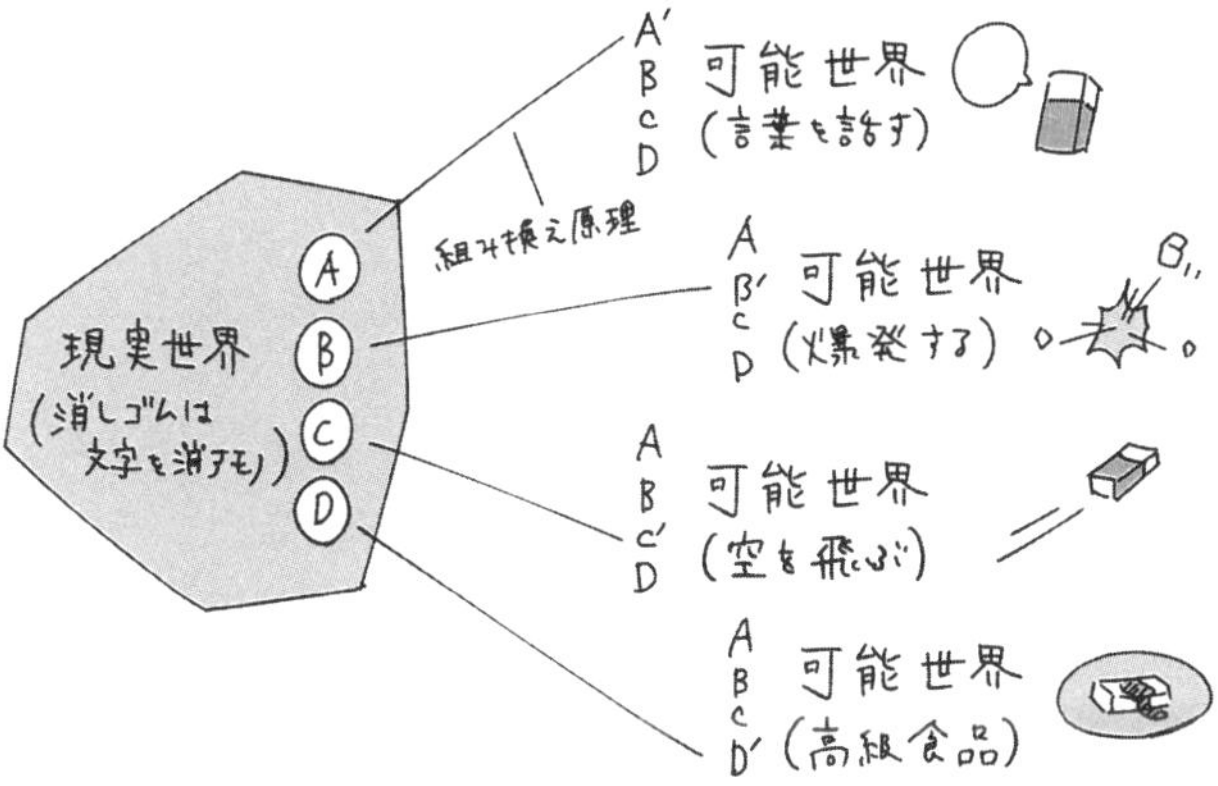

を話すかもしれないのです。それはまだ誰もその組み換えをしていないだけです。

そんなふうに考えれば、**いくらでも可能世界は作り出せますし、想像力を膨らませることができます。**

ただし、先ほど説明したように、話す消しゴムが現実世界と可能世界の両方に存在することはないので、たとえこの現実世界に話す消しゴムが誕生したとしても、それは可能世界に存在する話す消しゴムのよく似た対応者に過ぎないとされます。

この点については厳密にいうと、話す消しゴムではなく、消しゴムが話すかのように工夫した発明品ということになるでしょう。可能世界のように、この世界の科学を超えた不思議な現象が起こるという話ではありませんから。

ただここで大事なのは、消しゴムが言葉を話すかもしれないという可能性への気づきなのです。ほかにも爆発する消しゴム、空を飛ぶ消しゴム、高級食品としての消しゴム等々。可能世界論のおかげで、私たちはこの現実の世界では想定もできないような可能性について論じることができるのです。

知られざる真実を発見する手がかりにもなる

そもそも哲学は、そんなあり得ない想定のもとに、頭の中で思考実験を繰り返す営みです。したがって、可能世界という知のツールが大きな役割を果たします。現にルイスは、可能世界論を**「哲学者にとっての楽園」**と表現していますから。

そしてこうした思考法により新しいアイデアを生み出せるようになることは想像に難くないでしょう。それどころか、可能世界論は、新しいものを生み出すだけでなく、もしかしたら私たちが**まだ知らない真実を発見する手がかりになる**ことさえあるでしょう。それを裏付けるようなエピソードがあります。これは私が経験したあるクイズ番組での出来事です。

「フランスパンで戦車に勝つ方法を教えてください」という難題をもらいました。

そこで私は、可能世界論を使って次のように答えました。

「フランスパンもある一定の条件下では爆発する可能性がある。だからたまたま戦車が踏みつけたとき、爆発することだってありうる」

当然テレビの司会者たちは冗談だと思って、哲学というのは面白いなぐらいの感想で次の回答者に移りました。しかし、次の回答者である有名な宇宙飛行士の発言により彼らの反応が一変します。

なんとその人が、この同じお題に対して、**科学的にはフランスパンは爆発する可能**

性があると答えたのです。専門家のいうことですから間違いありません。このように私たちの身の回りは、様々な未知の可能性にあふれているということです。

先ほど可能世界論について、ルイスが**「哲学者にとっての楽園」**と表現していることを紹介しましたが、誰にとってもこの考え方は楽園になり得るといえます。だって、楽園というのは楽しみに満ち溢れた場所という意味ですが、**可能世界論を用いれば、どの世界も楽しい場所に変えることができるからです。**

しかもお金も土地もいりません。頭さえあれば、世界はまったく別のものになります。いや、正確にいうと、別の物として捉えることができます。考えてみれば、**この世の商品やサービスは、すべてそんな可能世界論の産物だといっていいのかもしれません。最初にモノの見方を変えた人が、新しい世界を作ってきたのですから。**

最初に小麦をパンにした人がパンのある世界を作り、最初に振動をコミュニケーションツールに変えた人が電話のある世界を作ったように。これは別に複雑な発明に限った話ではありません。既に存在するモノの見方や使い方を変えるだけで新ビジネスになることだってあるのです。さて、皆さんはどんな世界を作りますか？

可塑性

まだ創造の途中だと捉え直す
——マラブー

カトリーヌ・マラブー（1959—）

フランスの哲学者。ジャック・デリダに師事し、フランスで教鞭をとった後、現在はイギリス・キングストン大学で教授を務める。可塑性の概念によって現代思想を牽引している。

カトリーヌ・マラブーは、**今最も影響力のあるフランスの哲学者の一人**です。彼女が提起するのは**「可《か》塑《そ》性《せい》」**という概念です。

可塑性という言葉自体は、造形するという意味のギリシア語に由来するもので、一般的には造形芸術の分野で使われてきました。

それを哲学用語として使用したのは、近代ドイツの哲学者ヘーゲルでした。ヘーゲルは物事が変化していくその運動を表現するための言葉として可塑性という語を用いました。

そのヘーゲルのいう哲学的な意味における可塑性に着目し、この世界のすべての現象を説明する概念にまで発展させたのがマラブーなのです。

面白いことに、そのきっかけの一つとなったのは、日本で訪れた禅寺での出来事だったといいます。閉所恐怖症に悩まされていた彼女が、禅寺の地下室で悟った現状を受け入れる感覚こそが、可塑性の発想につながっていったそうです。

ここから、**可塑性とは、ひとまず形を受け取る能力**だといえます。あたかも粘土に力を加えれば、形が変わるように。その意味では柔軟性の要素を含みます。

ただ、**それは単純な柔軟性とは異なります**。なぜなら、力を加えた粘土は、ゴムボールと違って元の形には戻らないからです。その点で、可塑性には形を与える能力も含まれます。したがって、創造性を含むともいえます。このように、可塑性には様々な要素が含まれるわけです。

マラブーはこの点について次のように表現しています。

「可塑性とは、柔軟性、創造性、形を受け入れるとともに与える能力のこと。ひと言でいえば自由のことである」

そのうえでマラブーは、可塑性の概念を様々な分野に応用しようと試みます。とりわけ、**脳神経の仕組みを可塑性で表現することによって、脳科学への応用に力を入れている**といっていいでしょう。つまり、神経の可塑性とは、神経の結合の形成や、その結合の変容、さらには神経の損傷の修復能力を意味するのです。

そのほかにも、「女性的なもの」という概念を可塑性の文脈で捉え、フェミニズムの議論に応用したり、グローバル社会の市場主義に抵抗する態度を可塑性と呼び、この概念を政治に用いることも試みています。

いずれにも共通するのは、何か力が加わることで新しい事態が始まるのだけれども、

● マラブーの可塑性 ●

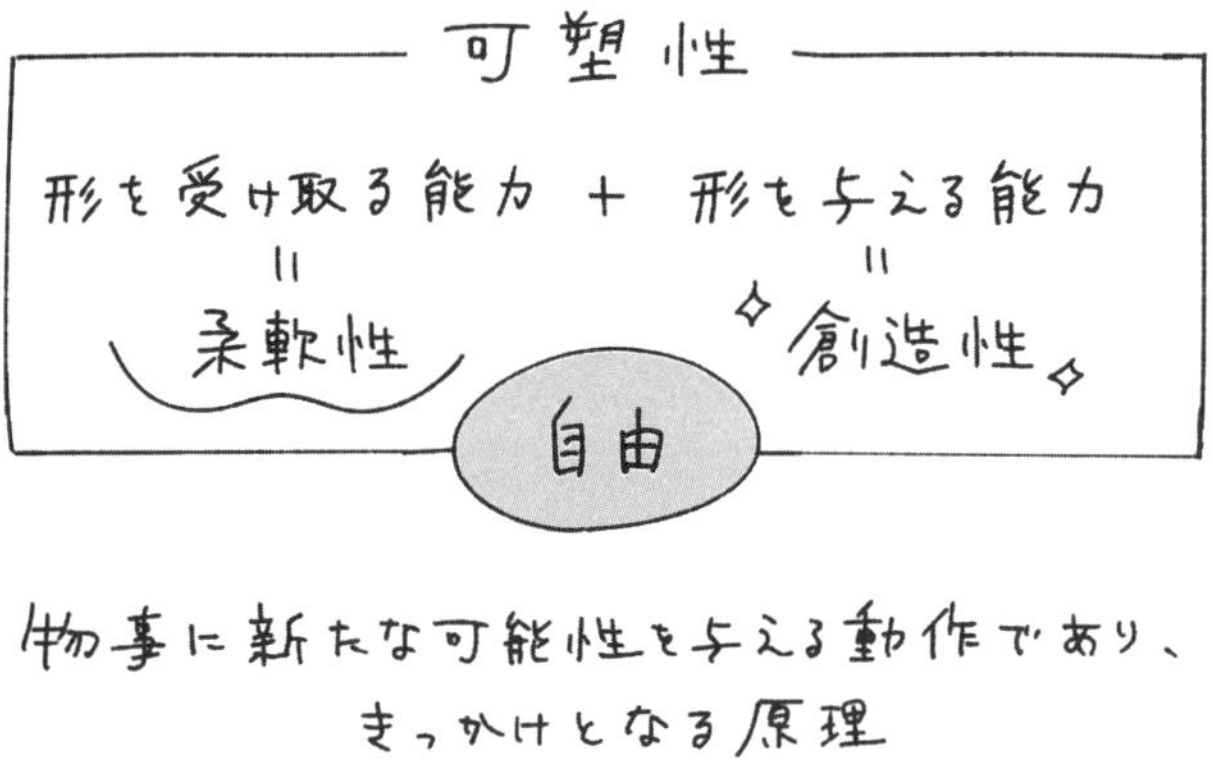

決してそこで固定されてしまうことのない状況といっていいのではないでしょうか。

つまりマラブーにとって、**可塑性は物事に新たな可能性を与える動作であり、きっかけとなる原理**なのです。

可塑性は悩み相談にも活用できる

私は以前この概念をテレビの悩み相談番組で活用したことがあります。

「いろんなことに取り組むのだけれども、すぐに飽きてしまう性格をなんとかしたい」というお悩みでした。

この方は自分の性格を否定的に捉えてい

たわけですが、**私にいわせると、逆にこれはいろんなことに興味を持ち、ある程度のところまでそれを推し進める力に長《た》けているということでもあります。**

もちろん始めたことを最後までやり遂げる人もいますから、それはそれで素晴らしいことだと思います。でも、人間の時間は有限なので、そのせいでほかのことができなくなってしまう点は否めません。

このお悩みの方のようにいろんなことに取り組める人は、あたかも彫刻の作品を作るかのように何でもない石や木を形にすることができる人だと思うのです。

これは、ほかでもない能力としての可塑性であって、実はすごく大事なことなのではないでしょうか。なぜなら、**誰かが物事の可能性を見出す必要があるから**です。それをやり遂げるのは、別の人であってもいいように思います。この世には**「先発型の人」**と、**「中継ぎ型の人」**がいるのですから。

ちなみに、先ほど私は可塑性を粘土のようなものだといいましたが、実は「プラスチック」の方が元の言葉のニュアンスをよく示しています。なぜなら、フランス語で可塑性は「プラスティシテ」というのですが、これは英語ではプラスチックのことだからです。実際、プラスチックという英語には可塑性という意味もあります。

プラスチックは素材として何にでもなる可能性があり（受け取る）、それでいて固まると形になります（与える）。さらに重要なのは、ペットボトルのように溶かして再利用される点です。

そう、まさに変化して再利用されるペットボトルのように、中継ぎ型の人間が必要なのです。そうでないと、物事はいったん役割を終えれば後は廃棄されるのを待つだけになってしまいますから。そう考えると、可塑性はこの世の中に不可欠な着眼点だともいえそうです。

新実在論

認識によって存在を変える——ガブリエル

マルクス・ガブリエル（1980—）

ドイツの哲学者。史上最年少の29歳で、200年以上の伝統を誇るボン大学の教授に就任して話題に。西洋哲学の伝統に根ざしつつも、「新実在論」を掲げ、現代社会の様々な現象を斬り続ける。

ドイツの気鋭の哲学者マルクス・ガブリエルは、**「新実在論」**と呼ばれる新しい哲学を世に問うたことで、世界的に注目されるようになりました。しかも彼は**最年少でドイツの名門大学の哲学教授**になったということもあり、若き天才として注目されてきました。

もともとはドイツの伝統的な哲学であるドイツ観念論の研究者として、アカデミズムの世界で早くから数々の業績を上げていました。とりわけシェリングの後期の思想に目を向けたという点で、新機軸を打ち出していたのです。

その彼がアカデミズムの枠を超えて有

名になったのは、**『なぜ世界は存在しないのか』**というタイトルの一般書を出し、それが世界的にベストセラーになったことです。

この中で、**身近な事例を交えながら新実在論をわかりやすく紹介することに成功**したのです。新しい哲学が世の中で広がるためには、そうした身近な事例と結びつけることができるかにかかっています。

その点で彼は、テレビを始めとしたポップカルチャーに造詣《ぞうけい》が深く、テレビドラマなどを例に難解な哲学をポップに解説してみせたわけです。ガブリエルが**「哲学界のロックスター」**の異名を持つのはそうした理由からです。

なぜ「世界は存在しない」のか?

では、そんな新実在論とはいったいどんな哲学なのでしょうか?

簡単にいうとそれは、私たちの**「認識＝存在」**と捉える立場だといっていいでしょう。

従来は、物事は実際に存在するかどうかは別にして、私たちに見えているだけか、あるいは逆に見えていなくても実際にどこかに存在するかのいずれかだと考えられていました。ところがガブリエルは、認識は存在と等しいと主張しました。

つまり、これが意味するのは、**「見えているものがそのまま存在している」**ということです。

もしそうだとすると、教室に50人いるとして、その50人が私の持つ1本のペンを見ているとき、実はペンが50本存在していることになるわけです。そんなばかなと思うかもしれませんが、**「パラレルワールド」**という考え方もそれに近いといえます。皆別々の世界に住んでいるのだけれども、たまたまある部分だけ世界が重なっているということです。

最近のインターネットの世界が生み出しつつあるバーチャル空間メタバースも、ある意味でそんな複数の世界を実現しているといえます。

● ガブリエルの新実在論 ●

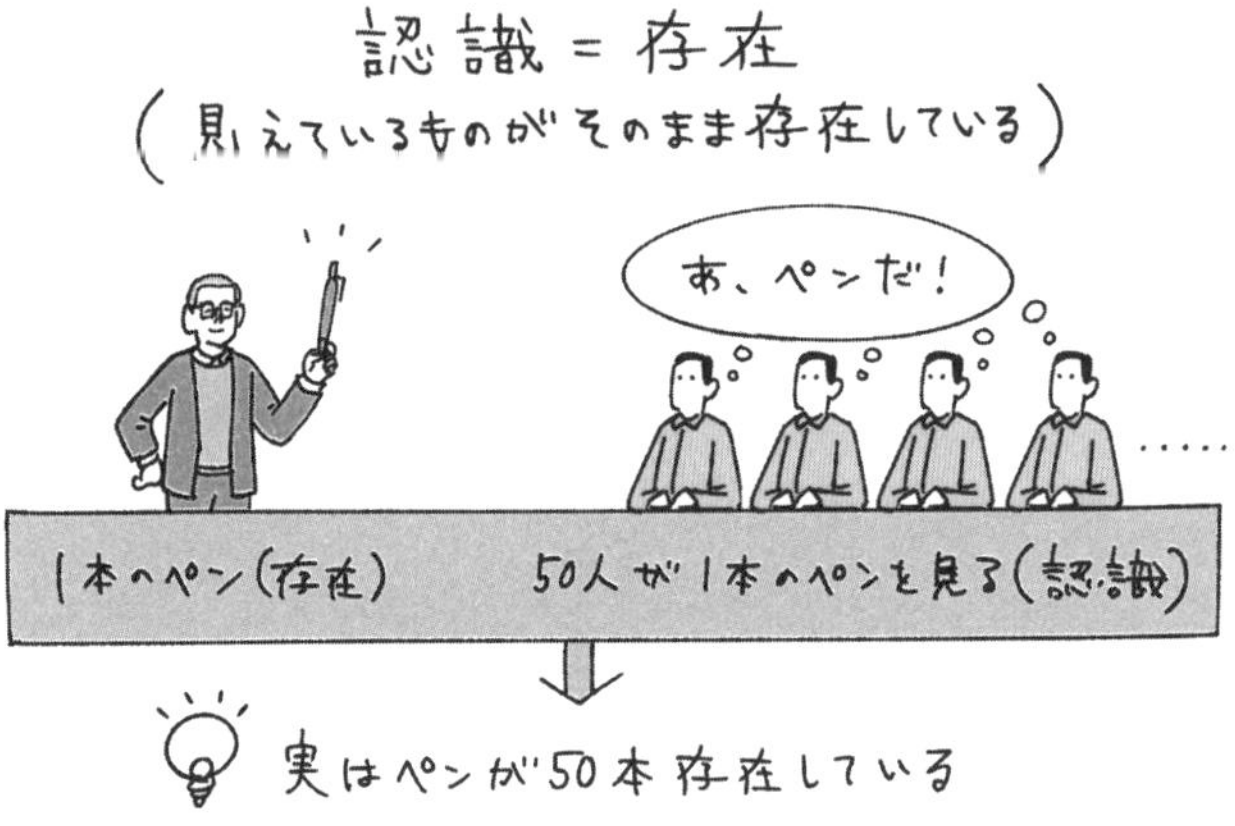
認識＝存在
（見えているものがそのまま存在している）
あ、ペンだ！
1本のペン（存在）
50人が1本のペンを見る（認識）
実はペンが50本存在している

ガブリエル自身、この新実在論を考えるにあたって、**インターネットを始めとしたテクノロジーがもたらす複数の現実にインスピレーションを得たようです。**

もっとも、現実には世界は一つしかないにもかかわらず、いったいどうして「認識＝存在」などといえるのでしょうか？

それは物事の意味というものが、それぞれの人の持つ**「意味の場」**で生み出されているからです。意味の場とは、人が物事を認識し解釈する能力のようなものです。逆にいうと、それぞれの人がその物事を認識しなければ、そこに意味は生じず、存在しないに等しいといえます。だからそれぞれの人が**「見る＝ある」**になるという理屈です。

ちなみに、私たちが「この世界には」という場合の「世界」は、地図上にある物理的な場所を指しているわけではありません。そうではなくて、一般的にあらゆる物事の大前提を意味しているのだと思います。いわば物事の根本のことです。

でも、新実在論によると、**あらゆる物事はさらにその前提となる意味の場から生じるはずなので、意味の場よりも前提になるものは存在しないという結論になります。**つまり、あらゆる物事が意味の場から生じるなら、それこそが物事の根本であって、意味の場以上に根本となるものなど理屈上存在し得ないということです。これが「なぜ世界は存在しないのか」という問いに対する答えです。

この哲学が面白いのは、とにかく人によって、あるいは人でなくても別の生き物やモノの視点によって、認識する対象の意味がまったく異なってくるという点です。

しかも意味が異なるだけでなく、存在自体が別のものになるという点です。

これは従来の物事の見方をまったく変える可能性があるといっていいでしょう。だから注目されているのだと思います。

なお、ガブリエルは、この新実在論をベースに、**人間の心は自然科学で解明可能な対象ではないと論じたり、AIは知能ではないとして、科学を万能視する世の中の風潮に警鐘を鳴らしています。**

さらに最近は、資本主義における倫理の役割を強調し、倫理資本主義という立場を唱えてビジネスの世界でも注目を浴びています。しかも実際にグーグルやBMWといった世界の大企業とコラボレーションまでしています。まさに哲学を実装する今最も活動的な哲学者だといっていいでしょう。

第 3 章

10人の哲学者の視点はこう使う

この章では、第2章で紹介した10個の哲学概念を応用して、着眼点を磨くためのレッスンをしていきます。具体的には、どのようにその哲学を使うのか例題を示すとともに、実際に皆さんにも使っていただけるように、演習及びワークシートを付けています。ぜひ実践してみてください。

売れるストーリーをつくる――詩学

応用のヒント

アリストテレスの創作に関する基本的な発想（43ページ）は、私たちがアイデアを作るとき、特にビジネスにおいて昨今重視される「コト」、いわゆる**モノ消費からコト消費といわれるときの「コト」を考える際役立つ**と考えられます。なぜなら「コト」とは出来事、体験のことを意味しており、それゆえにいかに魅力的なストーリーを作るかが重要になってくるからです。

あるいはそのコト消費の先に提唱されている最近の**「トキ消費」**にも役立つかもしれません。トキ消費とは、コト消費よりも短い、その時々の一回きりの体験を重視するものであって、それもまたストーリーを必要とするからです。

活用シーン

・商品の広告文を考えるような場合
・効果的なプレゼン資料を作るような場合

そこでアリストテレスがストーリー作りの際に重視した三つのポイント、**「①全体性」「②統一性」「③普遍性」**を意識しながら、「コト」消費のためのストーリーを作ってみましょう。

やり方

①全体性については、始め、中間、終わりに分けたうえで、全体の秩序と大きさを

適当なものにします。

❷ 統一性については、無関係な話をしていないかを確認します。

❸ 普遍性については、誰にでも当てはまりうる物語かどうか確認します。

これら3点を意識して物語を作ってください。

【例題】地方で温泉旅行を楽しみたくなるようなストーリーを100文字以内で作ってください。

【回答例】

まるでジブリアニメの世界に迷い込んでしまったかのような高揚感。都会にはない自然の風景を楽しみながら、浴衣を着て街を練り歩く。火照った肌に冷たい空気が心地いい。ああ、この国に温泉があってよかった。

【考え方】

まず**全体性**ですが、「まるでジブリアニメの世界に迷い込んでしまったかのような高揚感」というのが始めで、「都会にはない自然の風景を楽しみながら、浴衣を着て街を練り歩く。火照った肌に冷たい空気が心地いい」までが中間、「ああ、この国に温泉があってよかった」が終わりです。

統一性については、余分な話をしないように心がけています。場所のイメージ、気持ち、状況、結論を無駄なく入れています。

普遍性については、年齢や人数、関係性を問わず誰でも当てはまりうるような設定にしています。

【演習】

新車のＳＵＶを買いたくなるようなストーリーを１００文字以内で作ってください。

新しいビジネスチャンスを見つける
——コペルニクス的転回

応用のヒント

カントのコペルニクス的転回（50ページ参照）は、五感を超えた様々な可能性を探るのに応用できます。コペルニクス的転回とは、物事の捉え方は自分の五感次第だと考えるものでした。したがって、すべては五感の限界だと捉えることで、対象の可能性が広がっていきます。

活用シーン

・新商品のアイデアを考えるような場合
・新しい仕事のやり方を考えるような場合

やり方

今の自分の知覚能力を超えられるとしたら、対象にどんな可能性が生じるか記述していきます。

具体的には、次の3ステップです。

1. まず通常の知覚で捉える
2. 次に今の自分にはない能力を一つ想定する
3. その能力があれば、対象をどのように捉えることができるか想像する

【例題】

納豆の可能性を探って、新商品を考えてください。

1. まず通常の知覚で捉える
2. 次に今の自分にはない能力を一つ想定する
3. その能力があれば、対象をどのように捉えることができるか想像する

【回答例】

❶まず通常の知覚で捉える
→茶色、小さい粒、粘り、臭い、おいしい

❷次に今の自分にはない能力を一つ想定する
→時間を超えて捉える能力

❸その能力があれば、対象をどのように捉えることができるか想像する
→大豆、無臭、腸内や血液で活躍、世界で需要

【考え方】

❶**まず通常の知覚で捉えます。**視覚的には、茶色くて小さい粒、触覚的には粘り、

嗅覚では臭い、味覚ではおいしいということになるかと思います。

❷次に今の自分にはない能力を一つ想定します。ここはあえてSF的な能力を想定した方が、意外な発想ができるように思います。たとえば、時間を超えて捉える能力はどうでしょうか？

❸そのうえで、その能力を用いると対象はどう捉えることができるか考えます。過去を見ることができるなら、納豆が原料の大豆だったことや、当然当時は無臭だったことが瞬時にわかると思います。さらに、未来まで見通すことができれば、それが腸内や血液で活躍し、その事実が広まって、世界で需要されている様子まで思い浮かぶことでしょう。

逆にいうなら、そうした姿を捉えることができると、納豆の扱いも変わってきて、時代の先を見越したビジネスが可能になるのです。先見の明がある人は、もしかしたらそうした能力を持ち備えているのかもしれません。現に納豆は、あくまで無臭の健康食品として、すでに一部でタブレットのような形にして世界展開され始めています。外国人受けしない糸を引く匂いのきついあの納豆は、必ずしも前提ではないのです。

【演習】

何か一つキーワードを選んで、それについて無限の可能性を考えてみましょう。

1. まず通常の知覚で捉える
2. 次に自分に今はない能力を一つ想定する
3. その能力があれば、対象をどのように捉えることができるか想像する

立ちはだかる問題をポジティブ転換する――弁証法

応用のヒント

ヘーゲルの弁証法（56ページ参照）は、マイナスをプラスに発展させる論理でした。つまり、問題を切り捨てるのではなく、むしろ問題を取り込むことで発展させる思考法です。これはイノベーションに用いることができます。問題を取り込んで、それを活かす逆転の発想です。

活用シーン

- 逆転の発想でイノベーションを生み出す
- 問題を逆説的に生かして解決する

やり方

物事にはなんでも問題が生じるものです。したがって、**まずは何でもいいのでテーマを決めます。**モノでもサービスでもいいと思います。一つ名詞を挙げれば、もうそれに付随する問題が浮かび上がってくるはずです。この世に完璧なものはありませんから。すでに困っていることや問題点が頭にある場合も、それが何に関する問題なのか一応テーマとして挙げて下さい。その**テーマと問題点を見比べてみて初めて逆転の発想が可能になります**から。具体的には次の3ステップです。

❶まず何かテーマを挙げる
❷そのテーマから生じる問題点を考える
❸その問題点があるからこそいいのだという逆転のアイデアを生み出す

【例題】
組織に絡む問題点を挙げ、イノベーションを起こすには？

❶まず何かテーマを挙げる
❷そのテーマから生じる問題点を考える
❸その問題点があるからこそいいのだという逆転のアイデアを生み出す

【回答例】

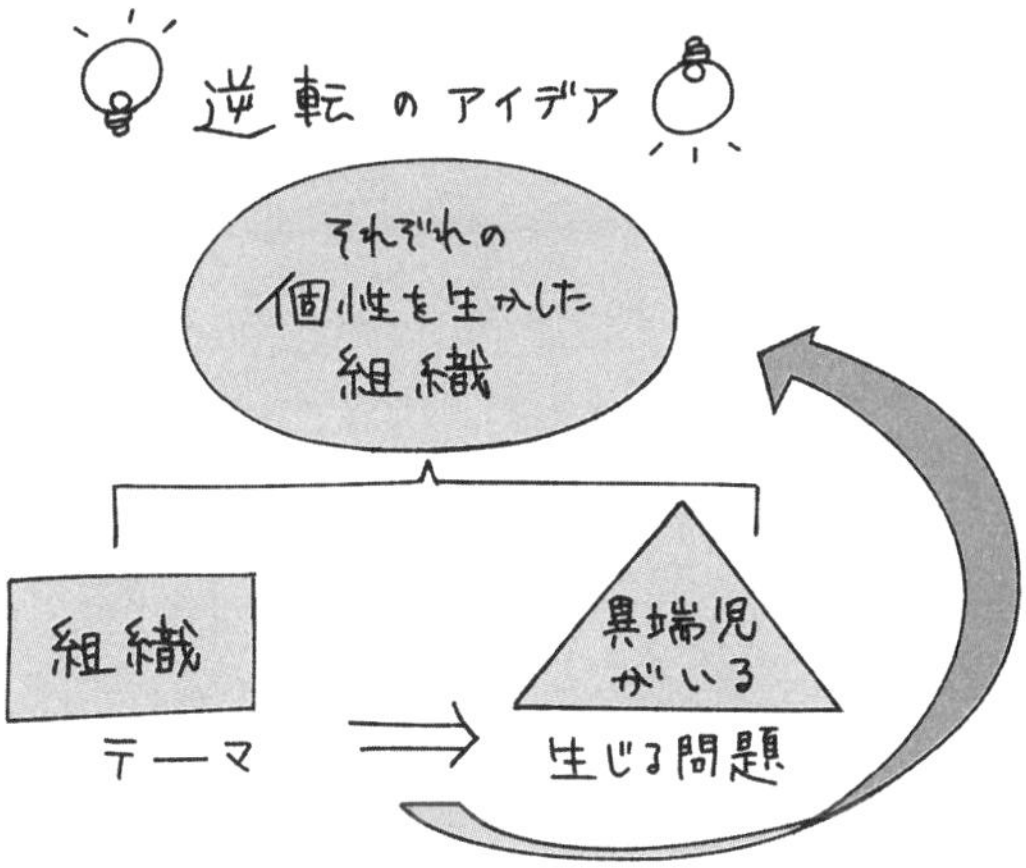

ワンポイントアドバイス

弁証法的に考える時は、常にこの□→△→○の記号を頭に思い浮かべると思考がしやすくなります。また、逆転の発想の際には、あえて「〜という問題があるからこそいい」と何度も自分に言い聞かせるようにしてみてください。

【考え方】

まず、四角い枠に**「組織」**と入れます。

そしてそこから生じる問題を考えます。

たとえば、**「異端児がいる」**というように。どこの組織にも異端児はいますから。

これを三角の枠に書きます。

一般には、そうした面倒な人物は切り捨てられるか、あえて存在を無視されます。

ところが、弁証法ではそうは考えません。

むしろ問題を取り込むとどんなイノベーティブな組織になるかを考えるのです。それはその異端児を含めた全員の能力を生かした組織だということになります。そしてどのようにすればそれが可能になるかを考えるのです。そうすると、まずはそれぞれのメンバーの個性を生かすという前提を共有する必要があります。そのうえで、個々の個性を肯定的に捉え、どういう形であれば誰もが組織に貢献できるかを考えます。最後に、その結論**「それぞれの個性を生かした組織」**を上の丸い枠に書きます。

【演習】

弁証法でマイナスをプラスに変えてみましょう。

❶ 日頃仕事をするうえで感じている問題を何か一つ指摘してください

❷ その問題を切り捨てることなく、逆転の発想でむしろ取り込んで、プラスに転換してみてください

真実を捉え直す
――エポケー

応用のヒント

現象学的還元（60ページ参照）で捉え直すと、物事がまったく違って見えてきます。しかも、より真実に近い姿で捉えることができるのです。というのも、私たちの認識は様々な既知の情報によってゆがめられているからです。そこで自分の主観的体験に立ち返る必要があるのですが、それもまた完全に行うことは不可能です。タイムマシーンでもない限り、本当の生の体験を再現することはできないからです。

では、私たちには何ができるのでしょうか？　それが**エポケー**（判断中止）にほかなりません。**まずは自分が捉えている物事の「ニセの姿」を括弧に入れて判断を中止することで、少なくとも主観的体験を再現するための道が開かれます。**

活用シーン

・共感を得られる宣伝を考える場合
・プレゼンでリアルな体験を語る場合

やり方

1. 自分の思い込みを記述する
2. 思い込みを括弧に入れるかのようにしてエポケー（判断中止）する
3. 客観的な様子や既知の情報に囚われることなく、もう一度自分の主観、つまり生の体験を思い出して再構成してみる

【例題】

自分が初めて自転車に乗れたときの様子を記述してください。

❶ 自分の思い込みを記述する

❷ 思い込みを括弧に入れるかのようにしてエポケー（判断中止）する

❸ 客観的な様子や既知の情報に囚われることなく、もう一度自分の主観、つまり生の体験を思い出して再構成してみる

【回答例】

❶ 自分の思い込みを記述する
自転車というバランスがとりにくい乗り物を、後ろから友達が押してくれていて、フラフラしながらも急に前に進んでいったような気がする

❷ 思い込みを括弧に入れるかのようにしてエポケー（判断中止）する
（自転車というバランスがとりにくい乗り物を、後ろから友達が押してくれていて、フラフラしながらも急に前に進んでいったような気がする）

❸ 客観的な様子や既知の情報に囚われることなく、もう一度自分の主観、つまり生の体験を思い出して再構成してみる
グラグラするハンドル、それに連動してグラグラするタイヤ。でも重いペダルを左右交互に踏み込むと、なんとか前に進んでいった。

【考え方】

❶ **まず自分の思い込みを記述**します。

何も意識せず、素朴に過去の記憶を思い出すと、あたかも自分がタイムマシンに乗って過去のそのシーンを見に行ったかのような**第三者目線の映像を思い浮かべる**ものです。私の場合も、自転車を後ろから友達が押してくれている映像が出てきました。そして私はその様子を少し離れたところから見ている感じです。

❷ **次に思い込みを括弧に入れるかのようにしてエポケー（判断中止）します。括弧に入れるのは、最初に思い浮かべた情景すべて**です。つまり、このようになります。（自転車というバランスがとりにくい乗り物を、後ろから友達が押してくれていて、フラフラしながらも急に前に進んでいったような気がする。）

❸ **最後に、客観的な様子や既知の情報に囚われることなく、もう一度自分の主観、つまり生の体験を思い出して再構成**してみました。ここではあくまで自分は傍観している第三者ではなく、その場でまさに自転車に乗ることを体験している主人公です。

そう思って、再度情景を思い起こすと、よりリアリティのある当事者目線の映像が頭の中に浮かんできました。そして不思議なことに身体的感覚もよみがえってきました。その感覚をそのまま記述すればいいのです。私の場合、先ほど回答例に示したような次の内容でした。

「グラグラするハンドル、それに連動してグラグラするタイヤ。でも重いペダルを左右交互に踏み込むと、なんとか前に進んでいった。」

【演習】
自分が初めて誰かを好きになったときの様子を記述してください。

❶ 自分の思い込みを記述する

❷ 思い込みを括弧に入れるかのようにしてエポケー（判断中止）する

③ 客観的な様子や既知の情報に囚われることなく、もう一度自分の主観、つまり生の体験を思い出して再構成してみる

前提を変える――エピステーメー

応用のヒント

あらゆる知には、その土台となる前提があるというのが、**フーコーのエピステーメー**（66ページ参照）の考え方でした。いわば時代ごとの常識のことです。ということは逆に、その土台を取り換えれば、上に乗っかる知の意味も変わってくるということになります。

活用シーン

- 既存の物事を見直す場合
- 新しいアイデアを出す場合

やり方

1. 何か一つテーマを選ぶと同時に、三つの異なる知の土台を設定します
2. そのそれぞれの土台において、テーマがどのようなアイデアを生み出すか考えます

知の土台は、常識が異なればいいので、厳密に異なる時代だけでなく、異なる世界でも大丈夫です

【例題】
人生の前提を捉え直してください。
テーマ：人生
三つの知の土台：原始時代、宇宙時代、メタバース時代
それぞれの土台におけるテーマの意味：
　原始時代→
　宇宙時代→
　メタバース時代→

【回答例】
テーマ：人生
三つの知の土台：原始時代、宇宙時代、メタバース時代
それぞれの土台におけるテーマの意味：

原始時代↓いつ終わるかわからないもの
宇宙時代↓はかないもの
メタバース時代↓永遠に続くもの

【考え方】

人生というテーマについて、**三つの知の土台ごとに意味を考えていきます。**

その場合、各々の知の土台の特徴をよく踏まえる必要があります。

まず**原始時代**だとどうなるでしょうか?

現代だと人はそう簡単に死にませんが、原始時代は科学も医学も発展していなかったわけですから、人生の意味は今とは違ったはずです。人間は何らかの病気にかかったり、ケガをすることによって突然死ぬということが結構あったのではないでしょうか。そうすると、人生とは「いつ終わりが来るかわからないもの」として認識されていたといえそうです。

宇宙時代は、これから本格的に到来することが予測されます。そうすると、何億光年といった長い時間のスパンで物事を考えることが多くなりそうなので、人生というたかだか100年単位で展開する営みは、「はかないもの」として認識されるようになるのではないでしょうか。

メタバース時代もこれから本格化することが予測されます。メタバースの世界では、人はアバターを使ってもう一つの人生を送ることになります。その延長線上で、意識をコンピューターにアップロードして、肉体が滅んだ後も永遠に生きるという可能性も考えられます。

そうすると、人生は「永遠に続くもの」として認識されるようになるのではないでしょうか。つまり、**一般的に限りのあるものとして捉えられる人生も、エピステーメーによって永遠に続くものとして捉え直すことができるわけです。**

【演習】

テーマ：労働

三つの知の土台：近代、不老不死の時代、ＡＩ時代

それぞれの土台におけるテーマの意味：

近代→

不老不死の時代→

ＡＩ時代→

埋もれている可能性を大化けさせる――脱構築

応用のヒント

現代思想は脇役に着目し、それこそが大事だという主張をすることが多いといえます。なぜなら、そもそも現代思想というのは、時代の変遷の中で不合理にも脇に追いやられてきた価値に目を向ける営みだからです。**デリダの脱構築**（70ページ参照）もそうした哲学概念として捉えることができるでしょう。

そこで、ここでは脇役を大抜擢《だいばってき》することで新たなアイデアを生み出す方法をご紹介します。これによって、埋もれている価値を見出し、逆転の発想を生み出すことができます。いわば埋もれている可能性を大化けさせるわけです。

活用シーン

・既存のものを使ってアイデアを出す場合
・世の中のトレンドを捉え直す場合

やり方

この世の中には脇役に甘んじているものがたくさんあります。まずそれを見つけるところから始まります。例えば、メガネケースのようなケースとか、テレビ台のような何かのための台とか、自転車の補助輪のような補助的なもの等。

これらはいずれも重要な役割を果たしており、だからこそこの世に存在しているのだと思います。ところが、どうしても脇役になっている事情があるはずです。したがって、その関係を明らかにする必要があるのです。

脇役が脇役に甘んじている理由、いわば主役が誰で、どういうシナリオになっているのか。言い換えるとこれはその**脇役的なモノの位置づけに関する常識です。それさえわかれば、脇役の抜擢はもう簡単です。**シナリオを書き換えればいいのですから。

そうしてシナリオを書き換えます。脇役が主人公になるように。それはスピンアウト物語と同じで、その脇役がいないと、主役は活躍できないという話にしてしまえばいいのです。常識の書き換えも同じです。その脇役的なモノがなければ、もう主役的なモノが成り立たないと言い切ればいいわけです。

そうして最後は脇役が主役になれるようなアイデアを考えてあげれば完成です。

具体的には次の4ステップです。

1. **世の中にある脇役的なものを見つける**
2. **シナリオ（常識）に立ち返り、主役との関係性を確認する**
3. **シナリオ（常識）を書き換えて、脇役を主役に大抜擢する**
4. **脇役が目立つような具体的アイデアを考える**

【例題】
箸置《はしお》きを例に考えましょう。

【回答例】

① 世の中にある脇役的なものを見つける
→箸置き

② シナリオ（常識）に立ち返り、主役との関係性を確認する
→汚れた箸を支えるものとして箸置きがある

③ シナリオ（常識）を書き換えて、脇役を主役に大抜擢する
→むしろ箸置きがないと、箸はただの汚れた棒きれに

④ 脇役が目立つような具体的アイデアを考える

郵便はがき

料金受取人払郵便

牛込局承認

9092

差出有効期限
令和7年6月
30日まで

162-8790

東京都新宿区揚場町2-18
白宝ビル7F

フォレスト出版株式会社
愛読者カード係

フリガナ お名前	年齢　　　歳 性別（ 男・女 ）
ご住所 〒 ☎（　　）　FAX（　　）	
ご職業	役職
ご勤務先または学校名	
Eメールアドレス メールによる新刊案内をお送り致します。ご希望されない場合は空欄のままで結構です。	

フォレスト出版の情報はhttp://www.forestpub.co.jpまで!

フォレスト出版　愛読者カード

ご購読ありがとうございます。今後の出版物の資料とさせていただきますので、下記の設問にお答えください。ご協力をお願い申し上げます。

● ご購入図書名　「　　　　　」

● お買い上げ書店名「　　　　　」書店

● お買い求めの動機は?

1. 著者が好きだから
2. タイトルが気に入って
3. 装丁がよかったから
4. 人にすすめられて
5. 新聞・雑誌の広告で(掲載誌誌名　　　　　)
6. その他(　　　　　)

● ご購読されている新聞・雑誌・Webサイトは?

(　　　　　)

● よく利用するSNSは?(複数回答可)

□ Facebook　□ Twitter　□ LINE　□ その他(　　　　　)

● お読みになりたい著者、テーマ等を具体的にお聞かせください。

(　　　　　)

● 本書についてのご意見・ご感想をお聞かせください。

● ご意見・ご感想をWebサイト・広告等に掲載させていただいてもよろしいでしょうか?

□ YES　□ NO　□ 匿名であればYES

↓「箸置きのおかげ棒」という箸置きの方が目立つデザインのセット／洗浄機能付き豪華箸置き

【考え方】

まず世の中にある脇役的なものを何か一つ見つけます。

私の場合、ふと**「①箸置き」**が頭に浮かびました。

次に、シナリオ（常識）に立ち返り、主役との関係性を確認します。そうすると、箸置きはあくまで箸を置くためのものであり、箸置き自体は**「②汚れた箸を支えるもの」**として位置づけられます。これが常識、つまりシナリオです。

このシナリオ（常識）を書き換えて、脇役を主役に大抜擢します。

「③むしろ箸置きがないと、箸はただの汚れた棒きれに過ぎない」と捉えるのです。

ここまでくれば、あとはもう脇役が目立つような具体的アイデアを考えるだけです。

その結果、**「④『箸置きのおかげ棒』という箸置きの方が目立つデザインの箸及び箸置きのセットや、汚れた箸をきれいにする洗浄機能付き豪華箸置き」**などのアイデアが浮かんできました。

【演習】

❶ 脇役的なものを見つける

❷ シナリオに立ち返り、主役との関係性を確認する

❸ シナリオを書き換えて、脇役を主役に大抜擢する

❹ 脇役が目立つような具体的アイデアを考える

四方八方にアイデアを出す——逃走線

応用のヒント

ドゥルーズは、**差異を求めて逸脱する思考**のことを**逃走線**（74ページ参照）と呼びました。彼は、近代までに凝り固まってしまった価値観から、なんとか逃れようとあがき続けました。あたかも逃走するかのように。これによって八方塞《はっぽうふさ》がりの状態から八方無碍《むげ》の状態に至ることが可能になります。八方無得とはもともとは将棋の用語で、四方八方どちらの方角にも邪魔になるものがない。つまり自由自在に振る舞うことができるということです。

これをアイデア出しのためのチェックリストとして応用します。

活用シーン

・既存の商品やサービスを変化させることで、新商品、新サービスを生み出す場合
・行き詰まった思考を柔軟にする場合

やり方

テーマを決め、８つのチェックリストに従ってアイデア出しをしていきます。

その際、**可能な限り元のテーマをひねって、意外なものにする点がポイント**です。あたかも元のテーマから逃げて、別のものにするつもりで。その意識が逃走線の発想なのです。したがって、いったんアイデアが出ても、さらにもうひとひねりできないかを考える態度が重要です。

ビジネスのフレームワークにも、「オズボーンのチェックリスト」がありますが、わりとざっくりしていて使い勝手が悪いように感じます。アメリカの実業家アレックス・F・オズボーンが考案したアイデア出しのためのチェックリストのことです。元の概念を転用するとか代用するとか結合するとか、合計9つの視点が提示されていますが、いずれも漠然としているのです。

そこで、昨今の文化やテクノロジーを踏まえて、今風にアイデアを生み出すためにこれをアレンジしてみました。具体的には、次の8つの方向への逸脱を考えます。

「変装する、ちょい足しする、用途を変える、形／サイズを変える、異色のコラボ、擬人化／擬物化、エフェクトをかける、シンプル／複雑にする」

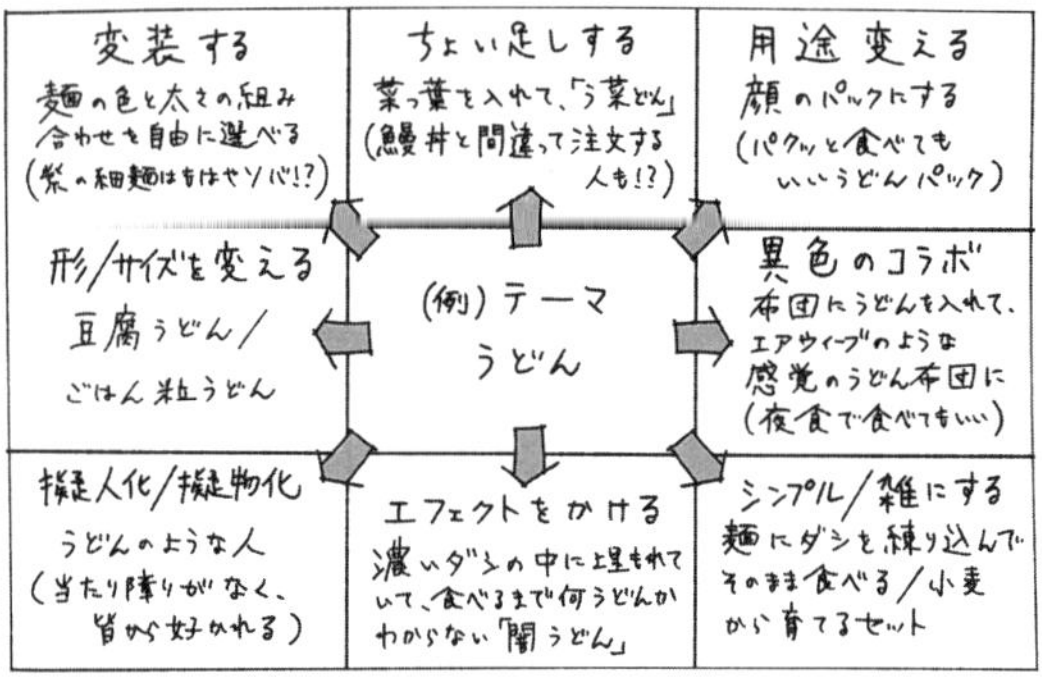
変装する
麺の色と太さの組み合わせを自由に選べる
（紫の細麺はもはやソバ!?）
ちょい足しする
菜っ葉を入れて、「う菜どん」
（鰻丼と間違って注文する人も!?）
用途変える
顔のパックにする
（パクッと食べてもいいうどんパック）
形／サイズを変える
豆腐うどん／
ごはん粒うどん
(例) テーマ
うどん
異色のコラボ
布団にうどんを入れて、
エアウィーブのような
感覚のうどん布団に
（夜食で食べてもいい）
擬人化／擬物化
うどんのような人
（当たり障りがなく、皆から好かれる）
エフェクトをかける
濃いダシの中に埋もれていて、食べるまで何うどんかわからない「闇うどん」
シンプル／雑にする
麺にダシを練り込んでそのまま食べる／小麦から育てるセット

ワンポイントアドバイス

自分がやりやすいところから埋めていけばいいと思います。
元のモノとは見違えるくらいのものにしようという意識でやるといいでしょう。

【回答例】

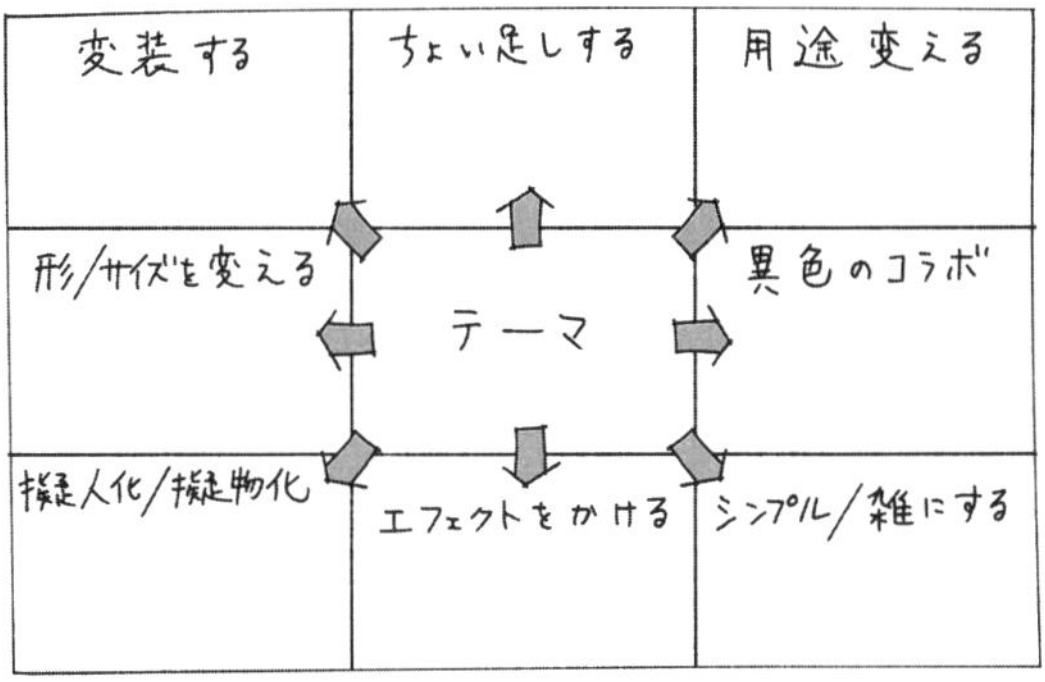

ワンポイントアドバイス

エフェクトは最新のアプリを調べて、常にアップデートしてみてください。キレイに映るモードや、年齢が変わって映るモードなど。

コラボも旬な人やモノを入れると面白いと思います。

【考え方】

「変装する」では、最初ラーメンの細麺《ほそめん》のように、太さだけを変えようかと思いましたが、それではまだうどんとわかりそうなので、完全に違うものに見えるように、色も変えることにしました。

そうして麺の色と太さの組み合わせを自由に選べるというアイデアに至ったのです。紫の細麺はもはや蕎麦と区別がつかないでしょうから。

「ちょい足しする」では、普通あまり入れなさそうなものを考えると同時に、そのせいで名前までほかのものと間違いそうなものを探しました。

そうすると菜っ葉を入れれば、名前にも菜を入れるだけで「う菜どん」になることに気づいたのです。つまり、鰻丼《うなどん》と間違って注文する人もいるのではないかと。

「用途を変える」では、まず食べ物以外のものにならないかを考えました。

白くてツルツルしたものならその代わりになると思って探したところ、顔のパックが頭に浮かびました。しかもパックという音から、パクっと食べるというアイデアにつながったわけです。

「形／サイズを変える」では、とにかく白い食べ物をいろいろと思い浮かべたところ、四角い豆腐から豆腐うどん、小さなご飯粒からご飯粒うどんというアイデアが出てきました。

「擬人化／擬物化」では、うどんはもともと物なので、人に喩えるとどうなるかを考えました。うどんは癖がなく、誰からも好かれる食べ物なので、当たり障りがなく、皆から好かれる人を「うどんのような人」と形容してみました。

「エフェクトをかける」では、一見なんだかわからなくするにはどうすればいいか考えました。そこで、濃いダシの中に埋もれていて、食べるまで何うどんかわからない「闇うどん」というアイデアが出てきました。中に天ぷらや油揚げが埋もれているイメージです。

「シンプル／複雑にする」では、とにかく極端になるように考えました。

そうすると、麺のまま食べられるのが一番シンプルなので、麺にダシを練り込んでそのまま食べるというアイデアが出てきました。また、複雑にする方では、コロナ禍に粉から練るようなセットがわりと流行ったので、さらに極端に小麦から育てるセットを考えてみました。いったいいつ食べられるのかわからないところに面白さがあります。

「異色のコラボ」では、とっかかりとして、音が似ているものを探しました。

そこで布団が頭に浮かんだので、布団にうどんを入れてエアウィーブのような感覚を味わえる「うどん布団」というアイデアを考えました。

最初から音が似ているものを探しているので、ゴロがいいうえに、深夜夜食として食べることもできるという利点があります。

【演習】

本について新しいアイデアを考えてください。

本質を組み換える——可能世界

応用のヒント

可能世界（78ページ参照）というのは、私たちの知らない未知の世界がありうるという考え方でした。その中でも、ルイスの唱える**組み換え原理**は、物事の要素を組み換えることで、新しい可能性を模索するものです。そこで、既存の物の要素を組み換えて、その物の新しい可能性を見出したいと思います。

活用シーン

・既存のものからアイデアを出す場合
・マーケティングの際、世の中の捉え方を変える場合

やり方

1. 複数の物事を挙げ、その各々の本質（一番の特徴）を記述します。
2. その本質を組み換えます。
3. その結果、どんな可能性がありうるかを記述します。

【例題】

以下の三つの物事の可能世界におけるあり方を考えてみてください。

雨、ライオン、笑い

❶各々の物事の本質（一番の特徴）を考えます。

❷各々の物事の本質を組み換えます。

❸その結果、どんな可能性がありうるかを記述してください。

【回答例】

❶各々の物事の本質（一番の特徴）を考えます。

雨→大地を潤す

ライオン→動物界をまとめる

笑い→世の中を和ませる

2 各々の物事の本質を組み換えます。

雨↓世の中を和ませる
ライオン↓大地を潤す
笑い↓動物界をまとめる

3 その結果、どんな可能性がありうるかを記述してください。

雨が降るたび世の中が和む
ライオンが過剰に水分を放出することで大地が潤う
笑いによって動物がいうことを聞く

【考え方】

1 **まず各々の物事の本質（一番の特徴）について考えます。**

雨は大地を潤すものですし、ライオンは動物界をまとめるもの、笑いは世の中を和ませるものではないでしょうか。これは自分の主観で問題ありません。

2 **次に各々の物事の本質を組み換えます。**

三つそれぞれバラバラになるように組み換えます。たとえば、雨は世の中を和ませるもの、ライオンは大地を潤すもの、笑いは動物界をまとめるものとします。

❸ その結果、どんな可能性がありうるかを記述していきます。

雨が世の中を和ませるとしたら、雨が降るたび世の中が和む状況が考えられるでしょう。ライオンが大地を潤すとしたら、ライオンが過剰に水分を放出することで大地が潤う状況ではないでしょうか。笑いによって動物界がまとまるとすれば、笑いによって動物がいうことを聞く状態が想定されます。

それぞれ馬鹿げた状況かもしれませんが、そこから新たな物の見方や可能性が生じ、新たなアイデアにつながっていくのです。たとえば、雨によって世の中を和ませるというのも、雨の新しい捉え方として、雨の日を楽しむためのアイデアのような形で展開できそうな気がします。

ライオンが過剰に水分を放出して大地を潤すというのも、よく銭湯にあるライオンの口からお湯が出ているようなイメージで捉えれば、現実的なものになりそうです。

庭先に取り付けて、ゴージャスな感じで水やりをするのはどうでしょう？
笑いによって動物がいう事を聞くというのはさらに新しいものの捉え方ですが、笑う動物も結構存在するようなので、少なくとも人間と同様笑いが何らかの効果を及ぼす可能性はありそうです。人間の側にとっても、叱って調教するよりは、笑って育てた方がいいに決まってますから。

【演習】
以下の三つの物事の可能世界におけるあり方を考えてみてください。
エアコン、昆虫、祈り

1 各々の物事の本質（一番の特徴）を考えます。
2 各々の物事の本質を組み換えます。
3 その結果、どんな可能性がありうるか記述してください。

バージョンアップする——可塑性

応用のヒント

マラブーの可塑性は（85ページ参照）、物事の伸びしろを見つけることで、それをバージョンアップするのに使えます。

可塑性とは、一見完成しているように見えるものも、粘土のようにまだ途中の段階だと捉える発想でした。そこで、普通はまさか変わらないと思う要素をあえて伸びしろと位置づけ、現状の延長線上に可能性を探っていきます。

活用シーン

- 既存のものを生かしたアイデア出し
- 物事の伸びしろを見つける

やり方

1. まず、キーワードをまだ途中の段階だと捉え、普通はまさか変わらないと思う要素を発見してください。いくつ挙げてもいいです
2. 次に、その変わらない要素をあえて伸びしろと位置づけ、どうバージョンアップすることができるか考えてみてください

【例題】
トイレットペーパーをバージョンアップしてください。

Ⓐ トイレットペーパーの変わらない要素
Ⓑ 各々の要素のバージョンアップ

【回答例】
Ⓐ トイレットペーパーの変わらない要素
① ロール状という形
② 紙という素材
③ 衛生用品

Ⓑ 各々の要素のバージョンアップ
① 扇子形

❷ 乾燥する気体
❸ 衣服

【考え方】
まずトイレットペーパーの変わらない要素を列挙します。
ここでは3つ挙げていますが、この数はものによって変わってくると思います。
私が思いついたのは、先ほど挙げた

❶ ロール状という形
❷ 紙という素材
❸ 衛生用品

という三点です。

次に、その各々の要素をバージョンアップしていきます。

その際、**「変わらない要素には何らかの利点がある」**と考え、その利点をさらに伸ばすようなアイデアを出します。

たとえば、ロール状であるのは、そのほうが紙をコンパクトにまとめることができるからだと思います。そこで、同じくコンパクトにまとめるための形を探します。すると「扇子」が出てきました。これなら割と形的にも「センス」がいいのではないかと思います。

素材については、**「紙よりエコにいいのは何か？」**と考えました。

そこで出てきたのが「乾燥する気体」です。消毒のスプレーのようなイメージです。衛生用品であるという点については、ほかの用途としても使えないかを考えました。すると、最近紙を素材とした衣服が開発されていることを思い出したので、トイレットペーパーを体に巻いて「衣服」にするアイデアが出てきました。防災グッズとして、服兼トイレットペーパーのような感じで使えると便利なのではないでしょうか。

【演習】

ハサミを可塑性でバージョンアップしてみましょう。

❶ ハサミをまだ途中の段階だと捉え、普通はまさか変わらないと思う要素を発見してください。いくつ挙げてもいいです

❷ その変わらない要素をあえて伸びしろと位置づけ、どうバージョンアップすることができるか考えてみてください

異次元の視点で捉え直す——新実在論

応用のヒント

新実在論（91ページ参照）とは認識イコール存在と捉える哲学的立場だといっていいでしょう。

つまり、物事は認識によって存在の意味が変わるのです。そこで、この哲学を応用すると、視点を変えることによって物事の存在意義を捉え直すことが可能になります。

私はこれを哲学思考のプロセスにおける視点を変えるためのフレームワーク**「異次元ポケット」**として用いているのですが、このままでもアイデア出しツールとして活用することができます。

活用シーン

・既存の物事の見方を変えることによってアイデア出しする場合
・視点を変えることで、物事を捉え直す場合

やり方

1 何か　つキーワードを選ぶ。
2 次元（種類）の異なる視点を6個以上挙げる。ただし、視点はそのキーワードに寄せない方がいい。
3 その異なる視点から、それぞれキーワードをどう捉え直すことができるか記述する。その際、視点として挙げた言葉の特性に基づき、擬人化して考えるとやりやすい。「よくわからないもの」という答えは避ける。

【例題】リーダーシップを異なる視点で捉え直してください。

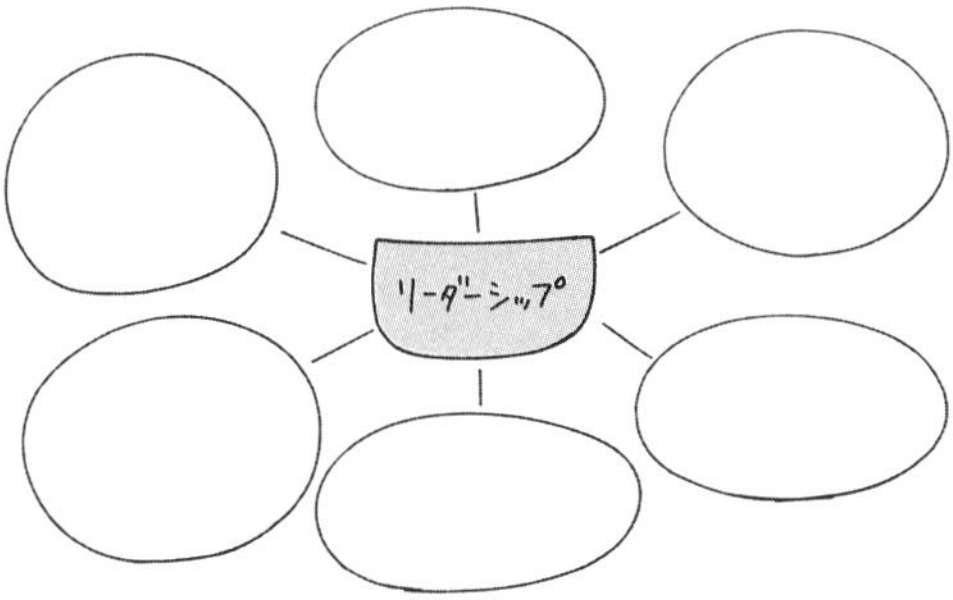

ワンポイントアドバイス

私がこれを「異次元ポケット」と呼んでいるのは、あたかもドラえもんの四次元ポケットから意外なものが飛び出すかのように、キーワードがまったく別次元のものに変わっていくからです。ぜひアニメの世界のように頭を柔らかくして取り組んでみてください。

【回答例】

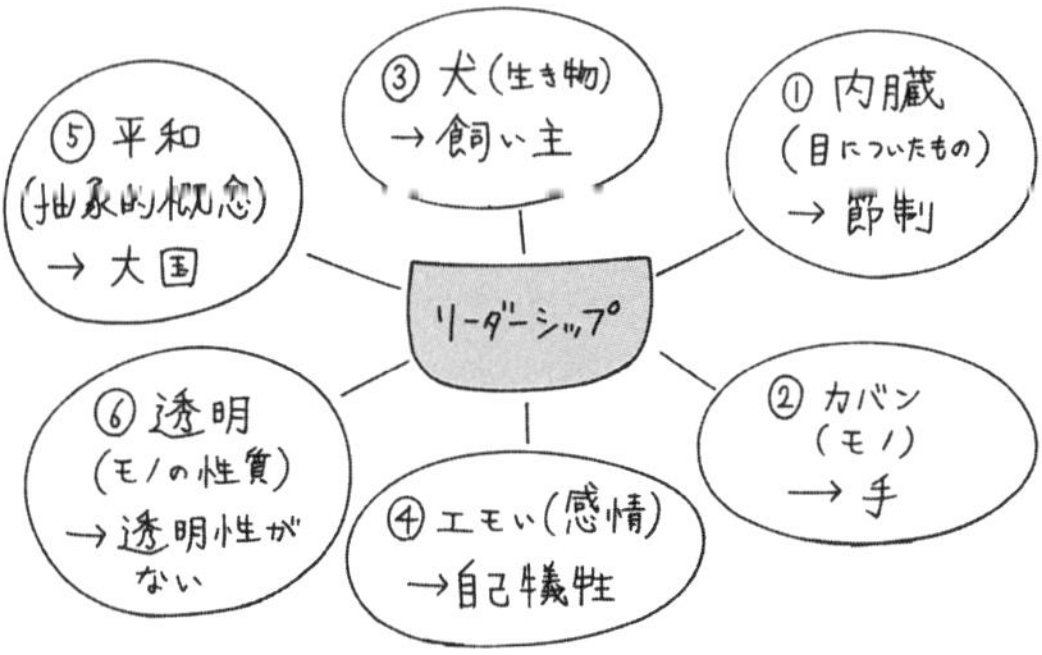

ワンポイントアドバイス

それぞれの視点はできるだけ次元(種類)が異なるように、目安として「目についたもの」、「モノ」、「生き物」等々入れていますが、これは変えてもらってもいいです。視点の数も6つを基準にしていますが、似たようなものにならなければいくら挙げてもいいと思います。

【考え方】

リーダーシップに関係のない単語を、様々なジャンルからランダムに選びます。目についたものからは内臓、モノからはカバン、生き物からは犬、感情からはエモい、抽象的概念からは平和、モノの性質からは透明です。

そのうえで、各々の視点の特性を考えたうえでその視点になりきり、対象を捉えていきます。なりきるというのは、擬人化するとやりやすいでしょう。たとえば、内臓になりきるとしたら、内臓さんは自分では思考できないので、リーダーシップと聞くと、「あ、自分を節制させてくれるものだ」と思うのではないでしょうか。つまり、リーダーシップには節制という側面があったのです。それは私たちが内臓視点でリーダーシップを捉えたことがなかったため、見えていなかっただけなのです。

同様に、カバンさんがリーダーシップを見たら、自分を引っ張ってくれる手のことだと思うでしょう。犬なら当然飼い主のことだと思うはずです。エモいというのは感情なので擬人化が難しそうですが、かつてディズニーアニメで感情を擬人化してキャラクターにした「インサイド・ヘッド」という作品がありました。「ヨロコビ」とか「ビビり」というキャラクターが登場します。それにならうと、「エモい」は、なんでも感動するように解釈するキャラクターだと思うので、リーダーシップを自己犠牲と捉えるのではないでしょうか。

平和さんは、リーダーシップと聞くと、平和を実現してくれる大国のことだと思うでしょう。そして透明さんなら、リーダーシップとは明確化されているので、その意味で透明性がないものと捉えるように思います。

【演習】

キャリアを異なる視点で捉え直してください。

第4章

アイデアを出し続ける思考習慣

アイデアを出すためには、日頃から習慣づけすることが重要です。同じ日常を送るにしても、やはり発想力のある人はアイデアを出すことにつながる生活習慣や行動の習慣をもっています。つまり、優れたアイデアを生み出せるようになるためには、日頃からそのような思考習慣を身につける必要があると言えます。

そこで本章では、そんなアイデアを出すための思考習慣についてご紹介したいと思います。具体的には、次の5つの行動について論じていきます。

1. 驚く
2. 観察する
3. 遊ぶ
4. 妄想する
5. 眠る

よく驚く
――プラトンのタウマゼインより

アイデアに限らず、**人間が頭を使うきっかけとなるのは、なんといっても「驚き」でしょう。**

「え、なぜ？」
「不思議だ」
と思うからこそ、興味を持ち、考え始めるわけです。

つまり驚きというのは、いい結果を及ぼすにせよ、悪い結果を及ぼすにせよ、まずは私たちに強い刺激を与えることになるので、それに比例して頭を働かせるきっかけになります。

実はこれは哲学者たちも古くから唱えていたことです。古代ギリシア語で「驚き」

のことを**「タウマゼイン」**というのですが、それはまさに**哲学が始まるきっかけ**だと言われています。その意味では、単に何かにびっくりするというのではなく、もう少し知的な驚きを指す語として理解していただいた方がいいかもしれません。

つまり、後ろから急に「ワッ」と大きな声をかけられて驚くというのとは違う驚きです。むしろ**生命の神秘に驚くとか、人間の感動的な行為に驚くといった、知的な探究につながる驚き**といった感じです。

たとえば古代ギリシアの哲学者プラトンは、まさにそうやって知を愛する営みである哲学が始まったと論じています。ということは、この驚きを日常の中で思考の習慣として身につけておけば、常にアイデアを出すためのきっかけを持てるようになると考えられます。

「驚き」は「疑い」から生まれる

では、具体的にどうすれば人よりたくさん驚きを感じられるようになるのでしょうか？　これはプラトンが直接論じているわけではありませんが、彼の哲学を紐解けばそのヒントが見えてきます。

そもそもプラトンは師であるソクラテスの教えを紹介した人物です。現にこのタウマゼインの意義についても、著作の中でプラトンはソクラテスに語らせています。そしてそのソクラテスが重視したのが、**「物事を疑う」**ことでした。

日頃当たり前だと思っていることを疑ってはじめて、本当の姿、つまり物事の本質を探究することが可能になります。裏を返すと、なんでも当たり前だと思っていては、驚くことなどできません。

「そりゃそうだよね」「そんなもんだよ」

と冷めた目で見てしまうからです。

ところが、**「もしかしたら違うかもしれない」と疑ってかかることで、ようやく私たちは驚くことが可能になるのです。**物事に驚くようにしなさいといわれても難しいかもしれませんが、疑うようにしなさいといわれればできるのではないでしょうか。その結果として、驚くことができるということです。

それは「疑い深くなる」とか「ひねくれる」ということとは違います。むしろ**「素直になる」**ことなのだと思います。

この世の森羅万象をあたかも少年のようにそのまま受け止める。そんな純粋な気持ちこそが、疑うということの意味であり、驚きの源泉なのです。

その証拠に、ノーベル賞を授与されるクラスの偉大な研究者たちは皆、こぞって少年のような目をしています。彼らは**一見なんでもなさそうなことに純粋に驚き、そしてその謎を探究し続けてきた**のだと思います。それがとんでもない着眼点、発想、アイデアにつながっているのです。

したがって、アイデアを生み出すためには、日頃から習慣づけをすることが大事です。その一つが、驚くことにほかなりません。驚く習慣を身に付ける。それは馬鹿げたことに聞こえるかもしれませんが、**思考を促すきっかけを作る**という意味では、とても重要なことだと思います。ぜひ童心に帰って、素直に生きることを心がけてみてください。

余談になりますが、**子どもの頃の方がアイデアを出せた**という人は結構います。皆さんも心当たりがあるのではないでしょうか。自分自身は覚えていなくても、自分の子どもが幼少期に、天才だと感じたことがある親は結構いるようです。

これはやはり驚くことと関係しているといえます。子どもの方が当然知っている物事が少ないので、日常の中で驚く機会が多くなるのです。それによって発想が広がり、アイデアへとつながっていきます。

見たこともない動植物に驚き、「わぁすごい！」といって感動する。そしてその日の夜、不思議な生き物の絵を描いたり、変なものを工作して親たちを感心させます。これらはもうアイデアにほかならないのです。そう、**子どもたちではなく、驚きが生み出したアイデアです。**

だから**子どものように驚けばいいのです。知らなかったと心から思い、不思議がる気持ちです。それさえ持つことができたら、その気持ちがアイデアを生み出してくれます。**私は比較的アイデアを出せるタイプだと思っているのですが、もしかしたら心が子どものままなのかもしれません。実際よく「子どもっぽい」といわれますから。

これはいい意味も悪い意味も含むのでしょうが、いい意味のためには、多少からかわれたり、叱られたりしてもいいかなとさえ思っています。

ウィキペディアを読んでみる

さて、そんな童心を持つためのトレーニングとして私がお勧めするのは、**自分がわりとよく知っていると思う項目に関して、「ウイキペディア」の記事を読んでみることです。**それこそ、意外と知らないことに驚かされます。なぜなら、あれは世界中の人たちが、そのテーマに関する情報を様々な視点から持ち寄ることで構築されている百科事典だからです。

たとえば、カブトムシでもコーヒーでもなんでもいいです。**いかに私たちが物事を知らないかを思い知らされます。**ウィキペディアですから、別に過度に専門的なことが書いてあるわけではありません。その意味で、論文の参考文献などには基本的に使えませんし、学問の世界からするとどこまで信頼できるかという問題はあります。それでも、そこに書かれていることは知らないことだらけになります。しかも手軽に調べることができます。

時々こういうことをするだけでも、謙虚になれるものです。そして物事を疑うことができるようになります。ぜひ試してみてください。繰り返しになりますが、驚ける人だけが、アイデアを出せるのです。

よく観察する
――ベーコンの経験論より

アイデアというのは、無から急に湧き出てくるわけではなくて、何かきっかけが必要であることはいうまでもありません。前にも書いたように、「何か」と「何か」が組み合わさって初めて、アイデアになるのです。

哲学でアイデアを出すというのも、結局はそうした**意外な組み合わせをいかに頭の中でつくることができる**かという話でした。だとすると、アイデアを出すためには、いかにいろいろなものを見つけるかが重要になってきます。

つまり、**「世の中をいかに観察できるか」**がカギを握るのです。

この世の中には、観察力の鋭い人とそうでない人がいます。アイデアのためには、圧倒的に前者の観察力の鋭い人になることが重要です。

「観察」は「経験」によって磨かれる

では、どうすれば観察力が身に付くのでしょうか?

参考になるのは、**元祖観察する哲学者、フランシス＝ベーコン**（1561〜1626）です。

ベーコンはルネサンス後期の思想家で、ちょうど当時は既存の学問を刷新する機運が高まっていました。

彼は古代以来主流だったアリストテレスの打ち立てた古い学問を刷新し、後の科学につながる新しいものの見方、考え方を模索していたのです。それが著書『新機関』で説かれた観察と実験を重視する**『経験論』**という考え方でした。

実際彼は、後にイギリスで花開くことになるイギリス経験論の元祖であるといわれます。**人間の知というのは、経験によって初めて獲得できるとする考え方**です。そしてベーコンにとっての**経験とは、まさに観察に基づく実験のこと**だったのです。

もともと彼の哲学の主眼は、**「知は力なり」**というスローガンに象徴されるように、知によって自然の謎を解明していく点に置かれていました。

そのために彼が重視したのは、**「イドラ」**と呼ばれる偏見を取り除くことでした。なぜなら、偏見があると正しいことを知ることができないからです。ベーコンのいう観察とは、ただ単にじっくり目で見るということにとどまるものではなく、むしろ**頭を使ってちゃんと現実を見据える**ということだったのです。

その意味で、イドラという偏見を排除する習慣を身に付けることこそが、観察の習慣を身に付けるということにほかなりません。

そこでまずは、イドラについて簡単にご紹介しましょう。

変遷はあるものの、最終的には『新機関』で提示された次の四種類のイドラが挙げられます。

1. 種族のイドラ
2. 洞窟のイドラ
3. 市場のイドラ
4. 劇場のイドラ

「種族のイドラ」は、人間という種族に固有のイドラで、感情や感覚によって知性が惑わされることによって生じるといいます。人間は自分が主張する立場に固執する生き物ですし、その点からしか物事を判断できないからです。

「洞窟のイドラ」は、あたかも狭い洞窟に考えが入り込んでしまったかのように、個人の狭い事情によって生じる思い込みのことです。その人の受けた教育、影響を与えた人物、読んだ本などが原因で、狭い考えに入り込んでしまうことによって生じます。

「市場のイドラ」は、言語によって生じる思い込みのことです。あたかも市場で聞いたうわさ話を信じてしまうかのように。人は言葉のもつ力に弱いものです。今だと市場というよりは、インターネット上に氾濫するSNSの投稿などの影響が大きいでしょう。

「劇場のイドラ」は、あたかも劇場で観たものに強い影響を受けるように、なんらかのストーリーを人は容易に信じてしまうものなのです。学説のような権威のある言葉もここに含まれます。

大事なことは、人間の頭の中にはこのような様々なイドラがあって、それが物事をきちんと見る妨げになっているという事実を知ることです。そうした事実に自覚的になって初めて、本当の意味での観察が可能になるのです。

新しいものを見るためには、新しい気持ちになる必要があります。ぜひ自分はイドラに毒されていないか、日々自問自答しつつ生活してみてください。

そこで私がお勧めしたいのが、自分の考えや発想を、常にこの4つのイドラのどれかのせいだと仮定して、一度テストしてみることです。定期的にそういうテストを自

● ベーコンの4つのイドラ ●

分に課していると、意外と自分が偏見によって影響されていることに気づくものです。

もちろん、まったく何にも影響を受けないなどということは不可能ですから、別にそれが悪いということではありません。あくまで**何によって影響を受けて、今の自分のその考えや発想に至っているのか自覚することが大事**だということです。そうして初めて、世の中は正しく見えてくるからです。

たとえば私の例でいうと、日頃ルールをあまり快く思っていません。これがなぜなのかテストしてみたいと思います。まず種族のイドラでいうと、人間は自由に生きたい存在なので、縛られるのが嫌なのでしょう。

洞窟のイドラでいうと、特に高校時代の校則が非常に厳しく、髪型まで決められていたのが嫌で仕方ありませんでした。あの時の印象があまりに強く、ルールというのはつまらないものだという認識を抱いてしまったのかもしれません。

市場のイドラでいうと、やはりインターネットの影響が大きそうです。20代後半インターネット黎明期にちょうど引きこもりとして不遇な時代を過ごした私は、ネット上に溢れる社会の規制やルールへの不満をたくさん見て、大いに共感していました。

劇場のイドラでいうと、なんといっても少年時代から見て来たアニメの影響が大きいような気がします。自由を求めて破天荒に生きる主人公の物語が多いですから。

こうしてテストしてみると、**ルール嫌いも偏見によるもの**であることがわかります。

ぜひ皆さんもやってみることをお勧めします。

よく遊ぶ――カイヨワの遊び論より

アイデアを考えようといわれると、私はワクワクします。なぜなら、**アイデアはそもそも遊び**だと思うからです。

面白いものを生み出すのは、ゲームに近い感覚があります。その意味で、よく遊ぶ習慣を身に付けることが、アイデアを出すのにも役立つと確信しています。

実際、**よく遊んでいる人の方がアイデアのセンスに秀でている**ように思います。

とはいえ、なかなか遊べといわれても遊べないものです。

そこで**「遊びとは何か」**について**フランスの思想家ロジェ・カイヨワ**（１９１３〜１９７８）の考えを参考に考えてみたいと思います。

日常に遊びを取り入れる

カイヨワは、『遊びと人間』という著書によって、遊びの概念を徹底的に分析した人物です。遊びというと、**オランダの歴史家ホイジンガ**（1872〜1945）が**「人間は遊ぶ人である」**という言葉を意味する**「ホモ・ルーデンス」**を唱えたことで知られていますが、それを理論として発展させたのがカイヨワだったのです。

彼によると、遊びの本質は**「根源的な無償性」**にあるといいます。何の目的もメリットも求めていない行為ということです。だからこそ**自由であることや非生産的であることが求められる**わけです。

強制された遊びや、何かを生み出さなければならない遊びなど、本当の遊びとはいえないでしょう。そこでカイヨワは、遊びの本質は**「パイディア」**と**「ルドゥス」**にあると主張するのです。

パイディアとは、即興と歓喜の間にある、規則から自由になろうとする原初的な力のことです。

一方、**ルドゥス**とは、恣意的《しいてき》ではあるけれども、強制的でことさら窮屈な規約に従わせる力のことです。

いわば遊びとは、**自由奔放でありながら何か見えない規則に縛られている一見矛盾した行動である**といえます。

こうしてカイヨワは、遊びを次の４つに分類します。

1. **アゴン**
2. **アレア**
3. **ミミクリ**
4. **イリンクス**

「アゴン」とは、競争という形をとる遊びのことです。けんか、サッカー、野球など競技系スポーツはすべてここに含まれます。

「アレア」とは、遊戯者の力が及ばない独立の決定の上に成りたつすべての遊びのことです。パチンコ、ギャンブル、じゃんけんなどが当てはまります。

「ミミクリ」は、参加者がその人格を一時的に忘れ、偽装し、捨て去り、別の人格をよそおう遊びのことです。ごっこ遊びや演劇、組み立て遊びなどがその例です。

「イリンクス」は眩暈《めまい》の追求にもとづく遊びです。サーカスを観る、エンターテインメントを体験する、ブランコやジェットコースターに乗るといった行為が入ります。

したがって、**これらの遊びの種類を意識して、狭い意味の遊びではなくても、可能な限り実践してみてください**。なんでも競争にしたり、運任せにしたり、ごっこをしたり、フラフラするような行動を取ったりするといいでしょう。

まるで子どものように聞こえるかもしれませんが、まさに子どもの頃の私たちはそういう行動を取っていたのだと思います。だからアイデアもたくさん出てきたのではないでしょうか？

大人になると頭が固くなってアイデアが出にくくなるといいますが、実はそれは遊ぶことをやめてしまうからなのです。言い換えれば、日常に遊びの要素を入れなくなるからだと思います。

何も難しいことではありません。誰もが昔やっていたことのはずです。子どものように日々遊びながら過ごす。それだけでアイデアは湧き出てくるのです。騙されたと思って、ぜひ童心に返ってみてください。実際、玩具メーカーなどでは、仕事中遊びながら新しいおもちゃのアイデアを考えているといいますから。

「驚き」のところでも書きましたが、やはり**「アイデア」と「童心」にはかなり強い相関性がある**といえます。そう考えると、子どもと遊ぶとか、子どもの頃やっていた

カイヨワの4つの遊び

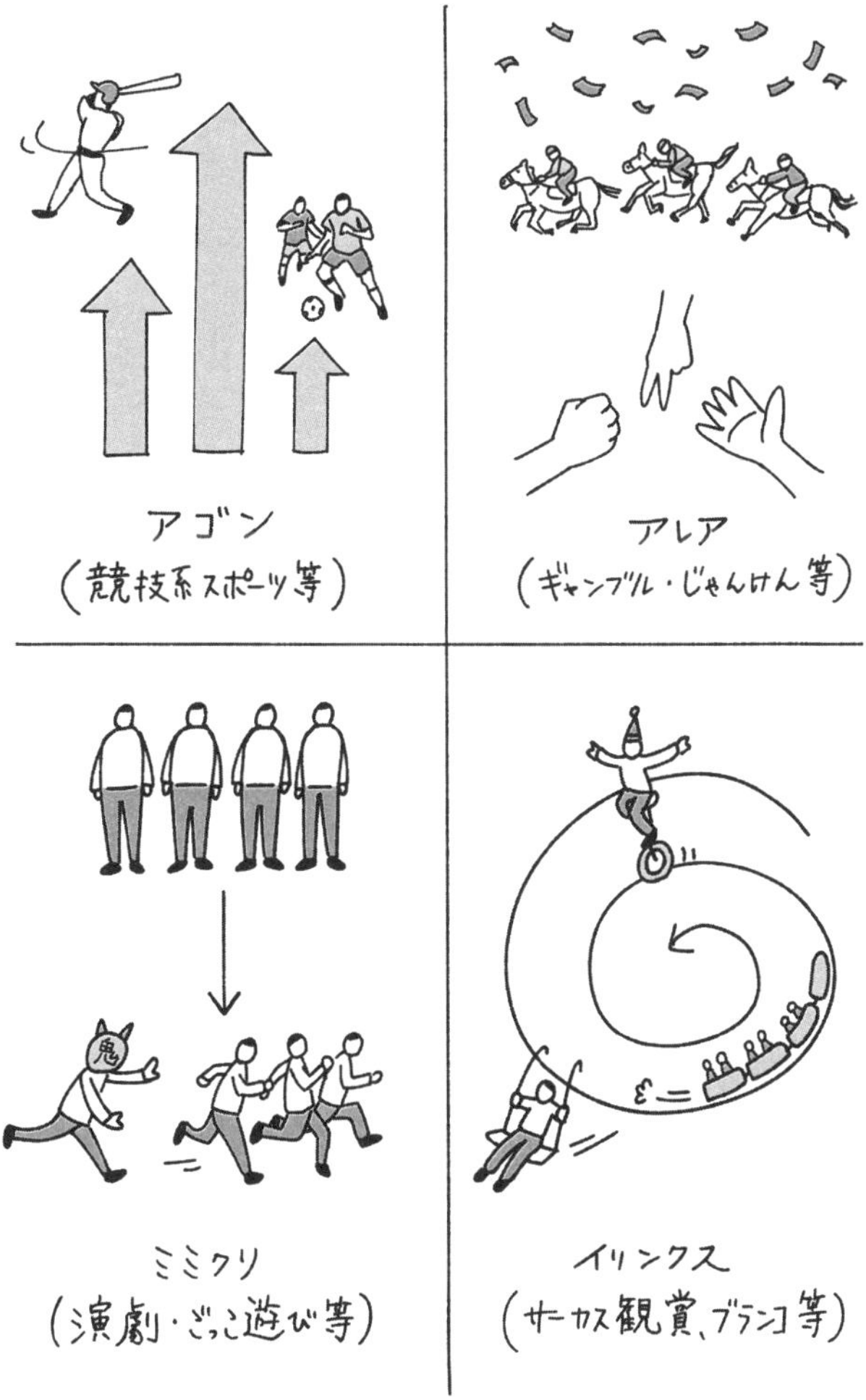
アゴン
(競技系スポーツ等)
アレア
(ギャンブル・じゃんけん等)
鬼
ミミクリ
(演劇・ごっこ遊び等)
イリンクス
(サーカス観賞、ブランコ等)

ことをやってみるとかいうのもいいかもしれません。

そうすることで子どものように遊ぶことができるからです。大人の遊びはなぜか遊びに振り切れていないような気がします。遊んでいるようで遊んでいないのです。しかしそれでは意味がありません。**本気で遊んで初めて、頭は柔らかくなるからです。**

その感覚を思い出すには、子どもと遊んだり昔やっていた遊びをやるのが一番です。

あの時は時間など気にすることなく夢中になったのではないでしょうか？　度を過ぎてけがをしたり、人に迷惑をかけたりしたのではないでしょうか？　きっとそのせいで叱られたこともあるはずです。そう、本気で遊ぶというのは、決してお行儀のいいことではなく、叱られるようなことなのです。

そこまでやれれば、違った世界が見えてくるに違いありません。もっとも、法律違反をしましょうということではないので、誤解のないようにしてくださいね。あくまでたまには羽目を外して遊びましょうという提案ですから。

よく妄想する
――ニーチェのパースペクティブより

アイデアとはある意味**「妄想」**から生じるといっても過言ではありません。

妄想、つまりありもしないことを想像することで初めて、この世に実際には存在しないような面白いアイデアが出てきます。

だから**本当は妄想癖があるくらいの方がアイデア出しにはいい**のです。ところが残念なことに、妄想癖は世間ではネガティブに捉えられています。不必要なことを考えて、物事に集中できない人であるかのように思われているのです。

妄想癖がポジティブなのかネガティブなのかは、何を目的にするかによるでしょう。

計算問題のような、決まった答えを論理的思考によってのみ導き出す営みにとっては、妄想癖は邪魔者以外の何者でもありません。

しかし、物語を創作するとなると、様々な常識を超えた発想や、誰も考えないような想像が求められます。それを可能にするのは、ほかでもない**「妄想癖」**です。この場合は妄想する力と表現したほうがいいかもしれませんね。

いずれにしても、**頭の中に浮かぶものを、どんどん別のことに関連させていって、対象のイメージをふくらませる営み**です。

そのためには、対象を様々な視点から捉える必要があります。

ドイツの哲学者ニーチェ（1844〜1900）は、そんな能力のことを**「パースペクティブ」**と呼びました。パースペクティブとは**「解釈」**という意味です。そしてそのパースペクティブが多ければ多いほど、物事はよりよく見えるようになります。だから物事の本質を捉えようとする哲学には不可欠の能力だといっていいでしょう。

実際、ニーチェ自身パースペクティブを駆使することで、当時の世界を多様な形で捉えることに成功しました。だからこそ歴史に名を残す哲学者になれたのです。何しろ彼は、キリスト教に支配されていた当時のヨーロッパ世界さえ、まったく別のものとして捉えようとしたのですから。**「神のいない、超人の世界」**として。

ニーチェにいわせると、キリスト教に支配されていた時代の人々は、神に頼りきっていたのです。だから正しさの判断さえ、自分ですることができないのだと。いわゆる**「奴隷道徳」**です。そんな人々の心を入れ替えようとして、ニーチェは神の死を宣言したのです。

そしてその代わりに**それぞれの人間が超人になって、強く生きていくべきことを主張しました。**これはもうまったく別の世界を創造したのだといっても過言ではないでしょう。現にニーチェはこのことを『ツァラトゥストラはかく語りき』という本の中で書いているのですが、**ツァラトゥストラとはニーチェの創造したもう一人の神に**ほかなりません。

もっというなら、ニーチェ自身が妄想癖にとりつかれていたのかもしれません。だから彼は「気が狂っている」とさえ思われていたのです。生涯偉大な哲学書を書き続けたにもかかわらず。

何を隠そう私も相当の妄想癖があります。人の話を聞いていても、ついそこから無関係な想像を始めてしまいます。気がつけば、いつも最後はとんでもない発想に至っています。そのせいで、子どもの頃は注意散漫でよく叱られたものです。

ただ、今から思えば、哲学の素養があったのでしょう。というのも、ニーチェではないですが、**妄想することで物事を様々な視点から見ることが可能になる**からです。そして**物事の本質は、様々な視点から捉えることでようやく明らかになります。**

そういう「物事の多面的な捉え方」が、言い方を変えると「アイデア出し」につながります。**アイデアとは、目の前の物事をいかに多様に捉えることができるか**にかかっているのです。妄想癖がアイデア出しにとって有益な能力であることは、これでわかっていただけたかと思います。

では、どうすれば妄想癖を習慣として身に付けることができるのでしょうか？

私がお勧めするのは、**「一人連想ゲーム」**です。

暇なときに、なんでもいいので一つモノを選び、そこから連想ゲームを始めるのです。

たとえば、会議室で暇な会議のときに時計を見つけたら、時計が宇宙船になって飛んで行ったらどうなるだろうと考え、さらに宇宙船といえば、それが人類の住む場所になったらどうなるだろうと考え、その宇宙船が未知の惑星に到着したら、そこにどんな世界が広がっているだろうかなどと考えればいいだけです。

くれぐれも仕事に影響のない範囲でやる必要があることはいうまでもありません……。

よく寝る――ヒルティの睡眠論より

誰しもそうかもしれませんが、私の場合一番頭が働くのは、よく寝た時です。だから**アイデアのためにはよく寝ることが大事**だと思います。ある程度の時間、良質な睡眠をとることです。

眠れぬ夜はむしろ寝ない

とはいえ、睡眠に悩まされている人は多いといいます。これを習慣にするのは簡単ではありません。そこで参考にしたいのが、睡眠のスペシャリストといってもいい**スイスの哲学者カール・ヒルティ**（１８３３〜１９０９）です。三大幸福論の一つ『**幸福**

論』の著者として知られる人物です。

ヒルティの睡眠哲学のポイントは、なんと……、

「無理に寝ようとしないこと」

驚かれるかもしれませんが、睡眠障害など眠れない人は、何かしら心に引っかかることがあるからです。

だとするなら、むしろその問題を解決することで、かえって眠れるようになるという理屈です。

実際、眠れぬ夜に人生の重要な決断をした人は多いといいます。

その意味では、**「眠れないのは神様からのメッセージ」**だとヒルティはいうのです。

なんとも神秘的ですが、彼は敬虔《けいけん》なクリスチャンでもありましたから、本気でそう信じていたのだと思います。

しかし、ここで大事なのは、ただ単に起き上がって悩み続けるということではありません。それだと問題はいつまでたっても解決しないでしょう。自分で答えが出せるなら、そもそも悩んでなどいないはずですから。

そこでヒルティが勧めるのは、**「信頼できる人に相談すること」**です。

とはいえ、たいていの人が眠れず悶々《もんもん》としているのは夜遅くでしょうから、そんな時間に人に相談するわけにはいきません。いくら信頼できる人とはいえ、迷惑だと思います。

ヒルティがいいたいのは、**自分の心の中で、そういう人たちに相談するという「バーチャル相談」**です。あたかも家族や親友に相談するかのように頭を働かせればいいのです。

もし適当な相談相手が思い浮かばない場合には、キリスト教徒のヒルティは神様に相談してもいいといいますが、神様を信じていない場合は難しいと思います。そこでもう一つ彼が挙げているのが、**「本」**です。愛読書や枕頭《ちんとう》の書があれば、そこに書いてあることがヒントになったりするからです。

最近だと**SNSや動画もお勧めです**。私はよくTiktokの動画を見ています。夜寝るときに光を放つスマホのようなものを見ない方がいいといわれます。でも、それはあくまで寝るための話です。

でも、眠れない時は寝るのではなく、あえて起きて考えるのですから、別にスマホでもいいでしょう。何よりTiktokの場合情報が無限です。しかも自分の好きな動画をどんどんお勧めしてくれるアルゴリズムになっているので、自分が無意識的に望んでいることが可視化されているわけです。

ということは、なぜ寝られないのかもそこからわかってきます。**「ああ、自分はこれがやりたいんだ」**とか**「このことが気になってるんだ」**というのが、くっきりと浮かび上がってくるのです。

試しに、自分がよく見る動画をリストアップして、その共通項を探ってみてください。きっといくつかキーワードが出て来るに違いありません。**一見無関係に思えるスポーツの動画とアートの動画、あるいはニュースなどが、実は点と点で結ばれた線の**

ようにつながっているのです。おそらく今ヒルティが生きていたら、眠れぬ夜にTiktokを勧めていたでしょう。

このように、**眠れぬ夜はもう起き上がって、徹底的に悩みや問題を解決する**日にすればいいのです。そうすれば、人生に転機が訪れるかもしれません。何よりその後はぐっすり眠れるはずです。

だから私は、アイデアを出さないといけない日は、前日遅くまで寝ていられる日に設定しています。ところが問題は、そううまく日程調整することができない点です。もっというと、アイデアは小さなものまで入れると、日々求められます。

その意味で毎日しっかりと睡眠をとる必要があるのです。私がよい睡眠をとることを習慣とすべきだと訴えるのは、そうした理由からです。

第 5 章

アイデアを形にする方法

せっかくいいアイデアが浮かんでも、それを形にすることができない限り、人には伝わりません。それは「アイデアを構想する」というところから始まり、わかりやすく「プレゼンする」というところまで含まれます。

そこで本書の最後に、そんなアイデアを形にするための哲学をご紹介していきたいと思います。

設計する——三木清の構想力からのヒント

そもそもどんなアイデアの出し方をするにしても、最初にそれを設計する必要があります。何事も設計図を作るところから始まるものです。

そこで参考にしたいのが、**日本の哲学者・三木清**（1897〜1945）の**「構想力」**という概念です。

彼のいう構想力とは、**「ロゴス（論理的な言葉）」**と**「パトス（感情）」**の根源にあって、両者を統一し、形をつくる働きを指しています。つまり、**何かを構想するというのは、単に頭だけでやる作業ではなく、感情もかかわってくるのです。**

しかもその両者を一つにする行為こそが、構想だといっても過言ではないわけです。

考えてみれば、**何かを作りたいと思ったとき、私たちの気持ちはまさに「思考」と「感情」が入り混じった状態になっている**のではないでしょうか。

もちろん頭を働かせないと何もできませんが、それ以上に作りたいという感情、熱意が上回っているように思うのです。

設計というのは、この三木の構想力によって初めて可能になるものであると思います。設計は英語で「デザイン」といいますが、**デザインするというのは、「形を作ること」**でもあります。

無から形を作るには、あたかも気持ちの風船を膨らませるかのように、思いを外に放出する必要があるのです。実は三木の構想力の根底には、**「虚無」**という概念が横たわっていました。虚無とは「何もないという虚しさ」のことです。だからこそ逆に、彼は構想することの意味を重視したのではないでしょうか。

この殺伐とした世の中に何かを生み出すのは、「アイデア」なのです。

そのためには、まず設計しなければなりません。気持ちを膨らませて、どんどん形にしていく必要があるのです。

その意味では、**設計する力とは、感情を素直に表現し、形にしていく力**なのだと思います。そういう力をしっかりと磨いておけば、最初の一歩は心配ないでしょう。

もしすでに紹介してきた10の方法を使ってもアイデアを出せる気がしないような時は、まず感情を素直に表現するところから始めてみてください。いわば**アイデアを出すための準備運動**みたいなものです。

何事も準備運動は大事です。ノリにのっている時は別ですが、そうじゃない場合は、気分をアイデアモードにする必要があるのです。それはスポーツや楽器演奏と同じで、まずはアップをすることです。そうすると体がだんだん乗ってくるはずです。

喜怒哀楽、どんな感情でもいいので、それを**言葉や簡単な絵で表現してみる**といいでしょう。それさえしたくないなら、何かを手に取って、それを気分のままにただ一定時間触ってみるだけでもいいと思います。

要はきっかけが必要なのです。感情が膨らみ、形になるためのきっかけが。少しでも膨らみ始めれば、あとはもう大丈夫です。

自分を磨く――プロティノスの美の哲学からのヒント

アイデアを作るとは、自分を作ること

アイデアを形にする際、実はそれと同じくらい重要なのが、

「自分自身をカタチにすること」です。

意外かもしれませんが、アイデアを作るということは、本当は自分を作ることでもあるのです。アイデアとは「自分の中から出てくるもの」であり、その意味で自分という存在がはっきりしていない限り、何も生み出すことができないからです。だとす

ると、自分を磨くことが、アイデアを形にすることにつながってくるのではないでしょうか。

この点で参考になるのは、**エジプトの哲学者プロティノス**（205?〜270）による**「美の哲学」**です。彼は3世紀の人なので、当時のエジプトは古代ローマの支配下にありました。そのプロティノスの教えが端的に表現されているのが、次の言葉です。

「彫刻家が彫像を完成させるように、たえず自分の完成につとめなさい」

あたかも自分を彫刻のように見立てることで、常に磨いていきなさいということです。いわば彫刻を作るとき、私たちは素材と自分の両方を削っているのです。現にプロティノスは、「彫刻とは自分の余分な部分を削ること」だといっています。

自分磨きとは、余分なものを捨てること

「**自分を磨く」というのは、自分の不要な部分を捨てること**にほかなりません。そうして理想の状態に近づいていくのです。

一般的には、自分磨きというと、自分のコンプレックスを解消したり、自分をアップデートして成長することを意味すると思います。ところがプロティノスにいわせると、本当はそうではないのです。自分磨きとは、**余分なものを落とすことで自分を研ぎ澄ます**ことなのです。

超一流の芸術家が、人格的にも優れていて、まるで偉大な哲学者であるかのように思えることがあるのは、そうした理由からだと思います。彼らは自分を磨くことで、理想の自分を作っているのです。優れた芸術作品は、その結果として形になっているだけだといえば言い過ぎでしょうか。

美の哲学

理想は何か
何をしたいのか
どうなりたいのか
理想の自分
自分の不要な部分を削る⇒自分に問いかける

己に問い続けることで「美」が磨かれる

では、どうすれば自分の不要な部分を削って、自分磨きすることができるのでしょうか?

それには、**「自分に問いかけること」**が重要であると私は思います。

何を作るにしても、そのプロセスにおいて、自分に問いかけるということです。

「自分は何を表現したいのか」「自分はどうなりたいのか」「自分の理想は何か」といったように。そういう習慣を身に付けておけば、きっとアイデアを形にするのが楽になっていくと思います。なぜなら、自分の型のようなものが出来上がっていくので、何を作るにしてもその型に素材をはめるかのように作業すればいいだけだからです。**自分のスタイルを確立する**といったほうがわかりやすいでしょうか。

優れた芸術家が醸し出す作風というのは、そうした**「自分の型の賜物」**なのだと思います。**モノづくりとはまさに型づくり**だといえます。

私は人からよく、「たくさん本を書けますね」といわれることがあります。実はこれも自分の型を確立しているからなのです。テーマや目的によって変わってきますが、基本的には歴史上の哲学者の叡知を自分なりに解釈し直し、それを現代社会に当てはめるということを常に意識しています。

それこそが自分のしたいことだからです。哲学と現代社会をつなぐ橋渡しをしたい。そのことさえわかっていれば、後はいくらでもアイデアが出てきて、言葉を紡ぎ出すことができます。だからこれは私の実践法でもあるのです。

行動しながら考える——西田幾多郎の行為的直観からのヒント

アイデアを形にする際問題になるのは、「よく考えてから手を動かすべきか、それとも手を動かしながら同時に考えるのがいいか」という話です。

もちろんじっくりと考えたうえで手を動かした方が二度手間にならないと思います。でも、それだといつまでたっても形にすることができない場合も出てきますよね。

そこで参考にしたいのが、**日本の哲学者、西田幾多郎《にしだきたろう》**（1870〜1945）の**「行為的直観」**です。

西田は「働くことが見ること」だといいます。

● 西田の行為的直感 ●

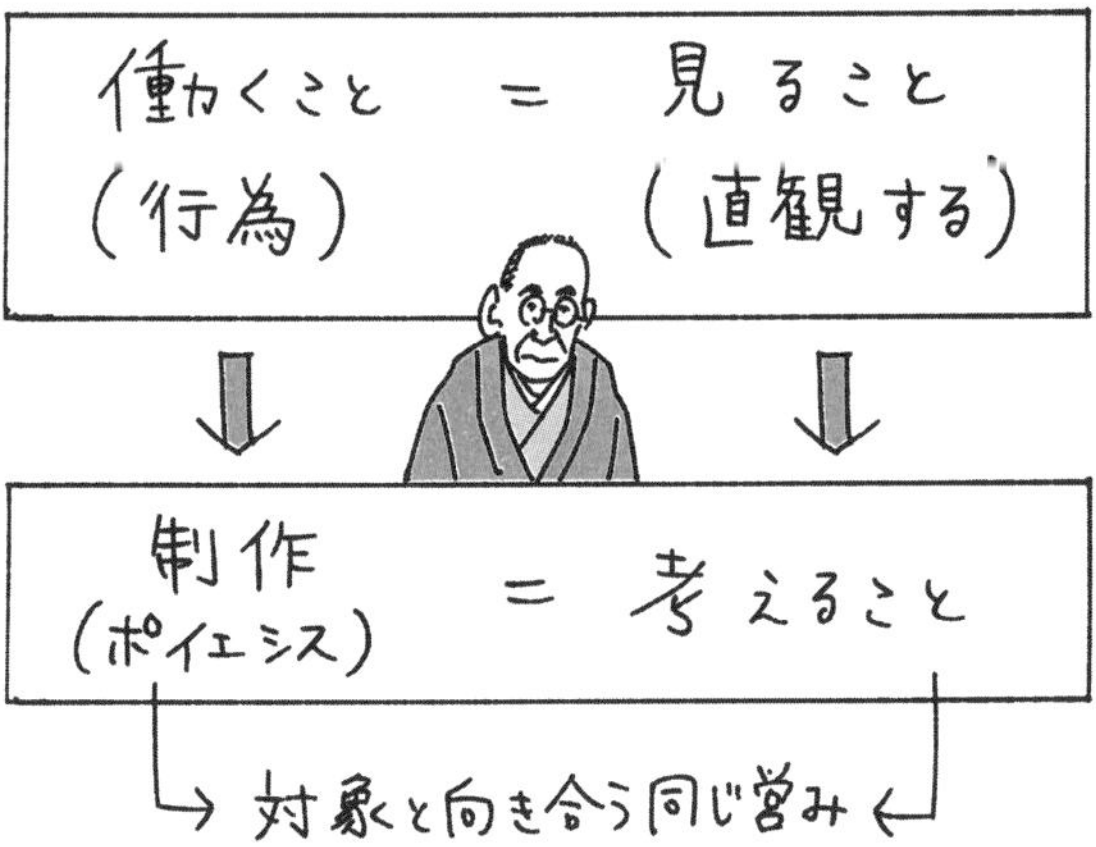

この場合「働く」とは「行為」のことで、「見ること」とは「直観する」ことを指します。さらに西田は、ここでいう行為とは「ポイエシス（制作）」であり、直観とは「考えること」だといいます。

つまり、西田は「制作＝考えること」と捉えたわけです。

だから**「アイデアを考えること」**と**「制作すること」は、実は「対象と向き合う同じ営み」**にほかならないのです。

とはいえ、実際の作業においては、アイデアを考えるのと制作とではやることが異なってくるでしょう。

決まった時間やエネルギーの中で、そのバランスをどう取るかは、事柄によっておのずと決まってくるのだと思います。**「思考に時間を要するもの」もあれば、「制作に時間を要するもの」もありますから。**

したがって、たとえ思考時間が短かったとしても、それは決して悪いことではなく、その作品の求めるバランスがそうだというだけのことです。だから**バランスで考えるのではなく、トータルで考えればいい**と思います。極端にいえば、ほとんど思考なしでできる作品もあるでしょうが、それはそれでいいのです。その作品がそういう作り方を求めていたのです。

どうしても心配な人は、一度実験してみるといいと思います。

思考に時間がかかる作業と、制作に時間がかかる作業を各々やってみて、その成果がいずれも客観的に素晴らしいものであることを実感できれば、心配は払拭されると思います。

結局、最初の問いに戻ると、じっくり考えてから初めて手を動かすのでもいいし、考えながら手を動かし始めるのでもいいというのが答えになります。

ただ、**なかなか形にできないという人は、何を作るにしても、まずは考えながら手を動かし始めることをお勧めします。**そういう人は、何か形が見えてくると、わりと気分が乗ってきて、前に進めることが多いからです。たいていのものは途中で修正できますから、あまり気負わず、とにかく手を動かしてみるくらいの気持ちでいいのではないでしょうか。

実は私もそういうタイプです。時には何も考えずに手を動かし始めることさえあります。粘土細工でも素材を触っていると、自然に何かの形になってくるのです。それがヒントとなって、アイデアが湧いてきます。それをまた形にしていきます。まさに「行為的直観の実践」です。

これは文章を書くときでさえまったく同じで、何も考えずキーボードで適当に文字を打ち始めると、文章が出てきます。**心と体はつながっていますから、心の腰が重いときは、体の腰を上げてやればいいのです。自然と心も躍り出すはずです。**

場合によっては**散歩するだけでもいい**かもしれません。実は西田も散歩しながら思索することで有名でした。だから彼が日々歩いた京都の銀閣寺近くの道は、**「哲学の道」**として観光名所になっているのです。

西田だけではありません。そもそも哲学の道という名称は、同じく散歩を習慣としていたことで知られる近代ドイツの哲学者カントの歩いた道にちなんだものですし、古くは古代ギリシアの哲学者アリストテレスなどは弟子たちと歩きながら思索したということで**逍遥《しょうよう》学派**などと呼ばれています。

私も**頭の中が行き詰まったら、散歩をする**ことがあります。犬を飼っているので、犬の散歩を兼ねて、自分も散歩をするのです。そうすると、部屋で変わらぬ景色を眺めているのとは異なり、様々なものが視界に飛び込んできます。それだけでも刺激になります。

さらには**体を動かすことで全身に心地よい刺激が駆け巡ります。**そうして頭が活性化されるのです。その後アイデアが形になることはいうまでもないでしょう。おそらく散歩がアイデアを形にしてくれていたのです。自分でも気づかぬところで。

アイデアは「試作」と心得る——デューイのプラグマティズムからのヒント

アイデアを形にするうえで重要なのは、**「最終的に完成すること」**だと思います。その意味では、とりあえず形にすることが大事であって、後は改善したり、ブラッシュアップしていけばいいのです。

そういう発想に役立つのが、**アメリカ発の哲学「プラグマティズム」**です。プラグマティズムは、ギリシア語で「行為」や「実践」を意味する「プラグマ」という言葉に由来するだけあって、まさに**「実践のための哲学」**なのです。

そのため、「実用主義」などと訳されたりもします。

アメリカ自体が、何もないところから開拓して世界一にまでのし上がってきた国です。政治でもビジネスでも、とにかく**「実践あるのみ」**ということで多くの成功を収めてきたアメリカらしい哲学です。

アイデアを形にするうえでも、やはり大事なのはまずやってみることなのだと思います。そしてそれをいかに改善できるかでしょう。

実はプラグマティズムの完成者は、**ジョン・デューイ**（1859〜1952）という哲学者だといわれるのですが、そのデューイが**「問題解決型教育の父」**と称されていることは偶然ではないように思います。

最近日本でも、問題解決型の教育が導入されています。小学校のアクティブラーニングから高校の探究、そして大学のPBL（課題解決型学習）などのように。いずれも**「試行錯誤を繰り返しながら最適解を導き出していく」**という点で共通しています。

従来の教育は、あらかじめ解が与えられていて、いかにそれに到達するかノウハウを教えるのが主でしたが、問題解決型教育では自分で解を作り出さなければならないのです。当然そのプロセスも一つではなく、どういうやり方が正解なのかは誰にもわかりません。最適解を導き出した方法が、後から正しかったとされるわけですから。

つまり、**今行われている教育は、プラグマティズムの思想を体現したもの**なのです。

こういうトレーニングを日頃からしておけば、形にするのも楽になるに違いありません。

昔と違って、教育自体がアイデアを形にすることを重要視しているといってもいいでしょう。残念ながら、私も含めそういう教育に恵まれなかったおじさん世代は、プラグマティズムを意識して、**「とにかくやってみる」**というマインドになることが大事だと思います。

アイデアを形にする際の最大の敵の一つは、**「完璧主義」**だといっても過言ではありません。そもそもアイデアに完璧などあり得ません。だからそんなものにこだわっていたら、いつまでたっても形にすることはできませんし、人に見せることもできないでしょう。

したがって、逆転の発想がいるのかもしれません。**アイデアは常に現在進行形の試**

作品で、中途半端なものなのだと。それを磨いていくのが面白いと思えればしめたものです。そのためには、どんどん勇気を出して発表することだと思います。

それにその方が人から意見をもらえたりして、いいものに仕上がっていくチャンスも増えます。せっかくのアイデアの種をお蔵入りにしてしまうくらいなら、みんなで育てて形にした方がいいに決まっています。

その種の生みの親としてもその方が幸せでしょう。それだけでも周囲の人たちや社会から評価されるはずです。一番大変なのは、種を生み出すことであるのはみんなわかっていますから。

恐れるべきは他人の評価ではなく、自分の中にある完璧主義であることを忘れないでくださいね。

3つの要素をもつプレゼンをする ——アリストテレスの弁論術からのヒント

アイデアを形にするというとき、最終的には誰かに採用されてはじめてそれが実現するといえます。その意味で、「相手に伝わるプレゼンをすること」が重要になってきます。

そこで参考にしたいのが、**古代ギリシアの哲学者アリストテレス**が説いた**「弁論術」**です。

アリストテレスによると、言葉で人を動かすには、次の3つの要素が求められるといいます。

「①エトス」「②パトス」「③ロゴス」

エトスとは、話し手の側の**「人柄や信頼性」**を意味する言葉です。

たしかに、どういう人が話すかによって、説得力が変わってくると思います。よく**「何をいうかではなく、誰がいうかだ」**などといわれますが、まさにその通りなのです。

したがって、まずは「信頼できる人間になること」、あるいは「信頼できそうな雰囲気を醸し出すこと」が大前提となってきます。プレゼンの際、服装などのＴＰＯが重視されるのは、そうした理由からだと思います。

次に**パトス**とは、**「感情」**を意味する言葉です。話し手の側は、聞き手がどう受け止めているかに気を配りつつ、共感を得るように努めなければならないのです。その意味で、プレゼンは対話だと思います。相手の気持ちを無視した一方通行の演説では、伝わるものも伝わらないでしょう。

三つ目の**ロゴス**とは、**「論理」**を意味する言葉です。話が論理的であることは、わかりやすさにもつながります。したがって、話の組み立てから、流れ、個々の表現に至るまで、しっかりと作り込む必要があります。

最高のプレゼンに仕上げるもう一つの要素

これら三つの要素がそろったプレゼンは、たしかに説得力があり完璧だといえますが、アイデアに関するプレゼンであることに鑑みるなら、私はあえてもう一つだけ要素を加えたいと思います。

それは**「ユーモア」**です。

ユーモアとは、一般に人をなごませるおかしさだといわれます。つまり、**いかに場をなごませることができるか**です。わざと自虐的になるのもいいですし、言葉遊びをするのもいいでしょう。

もともとユーモアのあるプレゼンは楽しいものです。ましてやアイデアに関するプレゼンですから、そのアイデアが実現できたら楽しいだろうなと思わせることが大切です。その意味でも、ユーモアを交えて話すことをお勧めします。直接的にアイデアに関係するユーモアならベストですが、そうでなくても、そのアイデアが楽しいものであるかのように思わせることができるはずです。

一番簡単なのは、とにかく笑わせることです。奇しくもアリストテレスは、動物について論じた論考の中で、**「動物のうちで、笑うものは、人間だけだ」**といっています。現代の研究からは、笑う動物は結構いることがわかっているようですが。

いずれにしても、人は笑えば楽しい気分になります。そうすればアイデアもよく見えるます。実際ユーモアのある人はアイデアを出す能力にも長けているように思います。人を笑わせるのが苦手なら、最後は自分が笑えばいいでしょう。笑いは伝染しますから。つられて笑うというように。**「笑う門には福来る」**ならぬ、**「笑う門にはアイデア来る」**です！

おわりに

ＡＩ、哲学、人間

本文でも書きましたが、ＡＩが発展すればするほど、不思議なことにそれとは対極にある最古の学問哲学に注目が集まります。それだけ両者は異なるということなのでしょう。そしてそれだけ哲学には、ＡＩが生み出す問題を乗り越えるポテンシャルがあるということなのでしょう。

実際、ＡＩによって人間の仕事が奪われたり、人間の思考力や創造性が退化したりということが危惧されていますが、**哲学によって思考すれば、人間はＡＩに負けることはありません。**皆なんとなくそれを期待して、哲学にエールを送ってくれているような気がします。

その意味では、**哲学はＡＩと人間がうまく共存していくための鍵**を握る救世主のような役割を果たすと考えられます。人間にできることは何か、そしてＡＩをどう制御していくか。その答えはいずれも哲学にあります。

本書を読んでいただいた方にはもうおわかりかと思いますが、哲学によって人間特有の思考をし、これまでにないアイデアを出すことができれば、ＡＩは便利なツールとして私たちの「しもべ」となることでしょう。

おそらくＡＩはこれからもどんどん発展していきます。もしかしたら、意識を持った自律的なＡＩだって登場するかもしれません。でも、それでも私たちには優位な点が一つだけあります。それは哲学ができるということです。**哲学は、欲望を持ち死を知る生身の人間にのみ許された深遠な思考です。**

そんな人間が哲学を使って出したアイデアが、たとえ自律的であろうと機械に過ぎないＡＩにできるわけがありません。本書の最後に、どうしてもこのことを皆さんにお伝えしておきたいと思いました。これから世の中がどうなるにしても、私たちが哲学を使ってアイデアを出せることに誇りを持っていただきたいと思います。

さて、本書の執筆に当たっては、多くの方々に大変お世話になりました。とりわけフォレスト出版株式会社出版局編集部の山田倫子さんには、企画の段階から校了に至るまで、全プロセスにおいてきめ細かなサポートをしていただきました。この場をお借りしてお礼を申し上げたいと思います。最後に、本書をお読みいただいたすべての方に改めて感謝を申し上げます。

2024年3月吉日

小川仁志

主な参考文献

● プラトン『プロタゴラス』中澤務訳、光文社、2010年
● フェリックス・ガタリ、ジル・ドゥルーズ、『哲学とは何か』財津理訳、河出書房新社、2012年
● アリストテレス『詩学』三浦洋訳、光文社、2019年
● イマヌエル・カント『純粋理性批判』篠田英雄訳、全3巻、岩波書店、1961〜1962年
● G・W・F・ヘーゲル『精神現象学』長谷川宏訳、作品社、1998年
● エトムント・フッサール『イデーン』渡辺二郎ほか訳、全3巻、みすず書房、1979〜2010年
● ミシェル・フーコー『知の考古学』慎改康之訳、河出書房新社、2012年
● ジャック・デリダ『法の力〈新装版〉』堅田研一訳、法政大学出版局、2011年
● ジル・ドゥルーズ、フェリックス・ガタリ『千のプラトー』上・中・下巻、宇野邦一訳、河出書房新社、2010年
● 野上志学『デイヴィッド・ルイスの哲学』青土社、2020年

●カトリーヌ・マラブー『ヘーゲルの未来』西山雄二訳、未來社、2005年
●マルクス・ガブリエル『なぜ世界は存在しないのか』清水一浩訳、講談社、2018年
●プラトン『テアイテトス』田中美知太郎訳、岩波書店、2014年
●ベーコン『ノヴム・オルガヌム（新機関）』桂寿一訳、岩波文庫、1978年
●ロジェ・カイヨワ『遊びと人間』多田道太郎ほか訳、講談社、1990年
●大石紀一郎ほか編『縮刷版 ニーチェ事典』弘文堂、2014年
●カール・ヒルティ『眠られぬ夜のために』1巻、2巻、草間平作・大和邦太郎訳、岩波書店、1973年
●三木清『構想力の論理』岩波書店、1939年
●プロティノス『美について』斎藤忍随・左近司祥子訳、講談社、2020年
●竹内良知『西田哲学の「行為的直観」』農山漁村文化協会、2002年
●ジョン・デューイ『経験と教育』市村尚久訳、講談社、2004年
●アリストテレス『弁論術』戸塚七郎訳、岩波書店、1992年

【著者プロフィール】
小川仁志（おがわ・ひとし）
1970年、京都府生まれ。哲学者・山口大学国際総合科学部教授。京都大学法学部卒、名古屋市立大学大学院博士後期課程修了。博士（人間文化）。商社マン（伊藤忠商事）、フリーター、公務員（名古屋市役所）を経た異色の経歴。徳山工業高等専門学校准教授、米プリンストン大学客員研究員等を経て現職。大学で課題解決のための新しい教育に取り組む傍ら、全国各地で「哲学カフェ」を開催するなど、市民のための哲学を実践している。また、テレビをはじめ各種メディアにて哲学の普及にも努めている。NHK・Eテレ「世界の哲学者に人生相談」、「ロッチと子羊」では指南役を務めた。ビジネス向けの哲学研修も多く手がけている。専門は公共哲学。著書も多く、ベストセラーとなった『7日間で突然頭がよくなる本』や『ジブリアニメで哲学する』、『前向きに、あきらめる』、『60歳からの哲学』等をはじめ、これまでに100冊以上を出版している。YouTube「小川仁志の哲学チャンネル」でも発信中。公式HP http://www.philosopher-ogawa.com/

ブックデザイン　西垂水敦・市川さつき（krran）
イラスト　髙柳浩太郎
DTP　キャップス

アイデアの着眼点

2024年4月23日　初版発行

著　者　小川仁志
発行者　太田　宏
発行所　フォレスト出版株式会社
〒162-0824 東京都新宿区揚場町2-18　白宝ビル7F
電話　03-5229-5750（営業）
03-5229-5757（編集）
URL　http://www.forestpub.co.jp

印刷・製本　萩原印刷株式会社

ISBN978-4-86680-271-8　Printed in Japan